DER GRÜNE BAUMPYTHON
MORELIA VIRIDIS

Steven Arth
Sandra Baus

Der Grüne Baumpython

Männchen der Aru-Variante in Lauerstellung

Inhalt

Vorwort	4
Beschreibung der Art	6
Verwandtschaft	8
Verbreitung und Lebensweise	8
Lokalformen und Farbvarianten	10
Gesetzliche Bestimmungen	14
Überlegungen vor der Anschaffung	14
Erwerb der Tiere	16
Transport und Quarantäne	18
Vergesellschaftung	20
Das Terrarium	20
Terrarientechnik	24
Terrarieneinrichtung	26
Terrarienklima	28
Pflegearbeiten	32
Fütterung	32
Nachzucht	36
Paarungsauslöser	38
Trächtigkeit und Eiablage	40
Inkubationsverfahren	44
Schlupf	46
Unterbringung und Fütterung der Jungtiere	50
Weitere Aufzucht der Jungtiere	54
Krankheiten	54
Dank	58
Weitere Informationen	60
Weiterführende und verwendete Literatur	63

Bildnachweis:
Titel: Kopfporträt von *Morelia viridis*, Aru-Variante
Kleines Bild: Auge eines gelben Jungtieres der Sorong-Variante
Seite 1: *Morelia viridis* in der typischen Ruheposition zusammengerollt im Geäst
Alle nicht anders gekennzeichneten Bilder stammen von den Autoren

Die in diesem Buch enthaltenen Angaben, Ergebnisse, Dosierungsanleitungen etc. wurden von den Autoren nach bestem Wissen erstellt und sorgfältig überprüft. Da inhaltliche Fehler trotzdem nicht völlig auszuschließen sind, erfolgen diese Angaben ohne jegliche Verpflichtung des Verlages oder der Autoren. Beide übernehmen daher keine Haftung für etwaige inhaltliche Unrichtigkeiten. Alle Rechte, insbesondere das Recht der Vervielfältigung und Verbreitung sowie der Übersetzung, vorbehalten. Kein Teil des Werkes darf in irgendeiner Form (Druck, Fotokopie, Mikrofilm oder andere Verfahren) ohne schriftliche Genehmigung des Verlages reproduziert oder unter Verwendung elektronischer Systeme verarbeitet, gespeichert oder vervielfältigt werden.

ISBN 10: 3-937285-71-7 ISBN 13: 978-3-937285-71-9

© 2006 Natur und Tier - Verlag GmbH Geschäftsführung: Matthias Schmidt
An der Kleimannbrücke 39/41 Lektorat: Kriton Kunz & Heiko Werning
48157 Münster Layout:Ludger Hogeback - hohe birken
www.ms-verlag.de Druck: Druckhaus Fromm, Osnabrück

Vorwort

WIE kaum eine andere Riesenschlange vermag der Grüne Baumpython den Betrachter durch sein attraktives Erscheinungsbild zu faszinieren. Aufgrund des bestechenden Äußeren und der für die Terrarienhaltung gut vertretbaren Größe erfreut sich *Morelia viridis* seit Jahren großer Beliebtheit. Lange Zeit galt er als recht heikler Pflegling, dessen Haltung im Terrarium mit einigen Schwierigkeiten verbunden war. Doch durch die stetige Erweiterung der Kennt-

Die Exemplare der Aru-Inseln besitzen viele weiße Schuppen.

Vorwort

nisse über die Lebensweise und speziellen Ansprüche dieser Art sowie die damit einhergehende wachsende Anzahl verfügbarer Nachzuchten, hat sich dies mittlerweile deutlich geändert. So ist es unter Beachtung einiger wichtiger Grundregeln durchaus auch dem ambitionierten Laien möglich, *Morelia viridis* erfolgreich zu pflegen und zu vermehren.

Mit diesem Buch soll Ihnen ein leicht verständlicher Einblick in die Grundlagen der Haltung und Nachzucht des Grünen Baumpythons ermöglicht werden.

Steven Arth & Sandra Baus
Neunkirchen, im Frühjahr 2006

Beschreibung der Art

BEI *Morelia viridis* handelt es sich um einen mittelgroßen, schlanken Python. Adulte (geschlechtsreife) Tiere erreichen durchschnittlich Längen von ca. 150 cm, in seltenen Fällen messen sie auch 2 m und mehr (O'Shea 1996; Switak 1975; Weier & Vitt 1999).

Die leuchtend grüne Färbung stellt sicher das herausstechendste Kennzeichen dieser Schlange dar. Dieses in der Unterfamilie der Pythons (Pythoninae) einzigartige Merkmal schlägt sich auch in der durchaus treffenden wissenschaftlichen Bezeichnung nieder (lat. viridis = grün). Über den Körper verteilt finden sich je nach Herkunftsgebiet weiße, gelbe oder blaue Zeichnungselemente unterschiedlicher Intensität und Anordnung.

Jungtiere weichen im äußeren Erscheinungsbild deutlich von den Adulti ab. Im Gegensatz zu diesen sind sie leuchtend gelb, rot oder rotbraun gefärbt und kontrastreich gezeichnet. Individuell unterschiedlich beginnt der Umfärbungsprozess im Alter von etwa einem halben Jahr. Diese Phase, bei der sich sogar die Farbe der Augen verändert, erstreckt sich meist über mehrere Monate. Bei einigen Lokalformen, z. B. Tieren der Biak-Inseln, kann es aber auch zwei Jahre und länger dauern, bis sie vollständig umgefärbt sind.

Wie für die gesamte Gattung typisch, setzt sich der Kopf deutlich vom Körper ab. Im Schnauzenschild (Rostrale) befinden sich zwei, in den ersten 2–3 Oberlippenschilden (Supralabialia) und in 5–7 der Unterlippenschilde (Sublabialia) je eine tiefe Grube. Bei diesen so genannten Labialgruben handelt es sich um thermorezeptive Sensoren, mit deren Hilfe die Schlangen in der Lage sind, geringste Temperaturdifferenzen wahrzunehmen.

Weiterhin zählen die großen Augen mit den senkrechten Schlitzpupillen, die sehr langen Fangzähne und der extrem bewegliche Greifschwanz zu den charakteristischen Merkmalen des Grünen Baumpythons.

WUSSTEN SIE SCHON?
Wie oft sich die Schlange häutet, hängt vor allem von der Wachstumsgeschwindigkeit ab. Gut fressende, schnell heranwachsende Jungtiere häuten sich durchaus alle 6-8 Wochen. Mit zunehmendem Alter und dem damit einhergehenden verlangsamten Wachstum werden die Abstände jedoch immer größer.

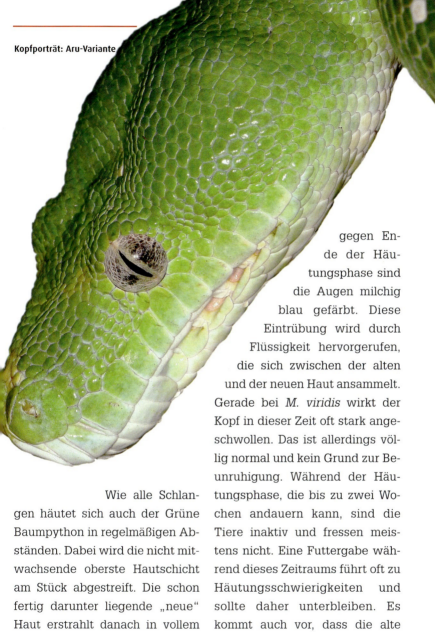

Kopfporträt: Aru-Variante

Wie alle Schlangen häutet sich auch der Grüne Baumpython in regelmäßigen Abständen. Dabei wird die nicht mitwachsende oberste Hautschicht am Stück abgestreift. Die schon fertig darunter liegende „neue" Haut erstrahlt danach in vollem Glanz. Verschiedene Anzeichen kündigen das Bevorstehen einer Häutung an. Die Schuppen erscheinen matt und glanzlos, und gegen Ende der Häutungsphase sind die Augen milchig blau gefärbt. Diese Eintrübung wird durch Flüssigkeit hervorgerufen, die sich zwischen der alten und der neuen Haut ansammelt. Gerade bei *M. viridis* wirkt der Kopf in dieser Zeit oft stark angeschwollen. Das ist allerdings völlig normal und kein Grund zur Beunruhigung. Während der Häutungsphase, die bis zu zwei Wochen andauern kann, sind die Tiere inaktiv und fressen meistens nicht. Eine Futtergabe während dieses Zeitraums führt oft zu Häutungsschwierigkeiten und sollte daher unterbleiben. Es kommt auch vor, dass die alte Haut beim Umschlingen des Futtertieres aufreißt und nachher nicht mehr problemlos in einem Stück abgestreift werden kann.

Verwandtschaft

DER unterartlose Grüne Baumpython wurde 1872 erstmals von SCHLEGEL als *Python viridis* beschrieben. Innerhalb der Familie der Riesenschlangen (Boidae) zählt er zur Unterfamilie der Pythons (Pythoninae) und wird darin mittlerweile in die Gattung *Morelia* gestellt (KLUGE 1993) – sein wissenschaftlicher Name lautet daher *Morelia viridis* (SCHLEGEL, 1872). Zur Gattung *Morelia* werden derzeit elf Arten gezählt, die in ihrem Vorkommen alle auf den australasiatischen Raum beschränkt sind. Neben dem Grünen Baumpython gehören die Unterarten des Teppichpythons (*M. spilota* ssp.) zu den bekanntesten Vertretern dieser Gruppe.

Ein naher Verwandter des Grünen Baumpythons ist der Teppichpython *Morelia spilota cheynei*.

WUSSTEN SIE SCHON?
Lange Jahre wurde der Grüne Baumpython zur Gattung *Chondropython* MEYER, 1875 gezählt. Da es sich hierbei um eine monotypische, das heißt nur eine einzige Art (*C. viridis*) umfassende Gattung handelte, setzte sich im Laufe der Zeit der Gattungsname „Chondropython" bzw. vereinfacht „Chondro", unter Terrarianern als geläufige umgangssprachliche Bezeichnung für diese Art durch.

Verbreitung und Lebensweise

DAS Verbreitungsgebiet von *M. viridis* umfasst ganz Neuguinea einschließlich einiger vorgelagerter Inseln und kleine Bereiche der Cape-York-Halbinsel Australiens. Darin besiedelt die Art hauptsächlich die Primärregenwälder von Meeresniveau bis zu 1.800 m ü. NN. Jedoch trifft man den Grünen Baumpython nicht nur in typischen Regenwaldgebieten an. Im Hochland kommt

Verbreitung und Lebensweise

Im Lebensraum des Grünen Baumpythons auf Neuguinea
Fotos: C. Langner

er beispielsweise ebenso in Gebieten mit Klinki-Kiefern-Beständen, einer endemischen Koniferenart, vor. Aber auch Kaffeeplantagen werden als Sekundärhabitate angenommen (McDowell 1975; Meyer 1874; O'Shea 1996; Switak 1975; Weier & Vitt 1999).

Morelia viridis liegt tagsüber meist regungslos in der typischen Ruheposition im Geäst. Die Aktivitätsphase beginnt erst mit Einbruch der Dämmerung. Dieser Python verbringt als typischer „sit and wait"-Stratege oft Stunden unbeweglich auf potenzielle Beute wartend im Astwerk. Dabei nehmen die Tiere ihre charakteristische Lauerstellung ein, bei der das vordere Körperdrittel S-förmig und zustoßbereit nach unten gehalten wird. Adulte Tiere ernähren sich in erster Linie von kleineren Säugetieren, die mit den Kiefern gepackt und durch Umschlingen getötet werden. Jungtiere fressen auch kleine Echsen und Frösche (HENDERSON 1993; MCDOWELL 1975; SWITAK 1975). Weibliche Baumpythons betreiben eine bemerkenswerte Brutpflege. Die Eiablage findet meist in Baumhöhlen oder an ähnlich geschützten Orten statt. Das Gelege wird bewacht und für die gesamte Dauer der Inkubation nicht verlassen. Dicht um die Eier gewickelt sind die Tiere in der Lage, die Bruttemperaturen durch Muskelkontraktionen um mehrere Grad Celsius anzuheben (WEIER & VITT 1999; eig. Beob.). Mit dem Schlupf der Jungtiere endet jedoch die mütterliche Fürsorge, und die kleinen Pythons sind auf sich allein gestellt.

Das Klima im Verbreitungsgebiet ist durch äußerst geringe jahreszeitliche Schwankungen gekennzeichnet, lediglich die Niederschläge fallen in den Monaten Juni bis September etwas geringer aus. Aufgrund der hohen Regenmengen pendelt die relative Luftfeuchte tagsüber zwischen 70 und 85 %, kann nachts aber bis auf annähernd 100 % ansteigen. Die durchschnittlichen Tagestemperaturen liegen im Tiefland ganzjährig bei 28–32 °C und sinken nachts nur geringfügig auf 23–25 °C ab (MÜLLER 1996).

Lokalformen und Farbvarianten

INNERhalb seines großen Verbreitungsgebietes variiert der Grüne Baumpython erheblich im Erscheinungsbild. Nicht nur die vielen unterschiedlichen Färbungen, sondern auch die deutlichen Differenzen in Körpermaßen und Proportionen haben dazu geführt, dass mittlerweile eine Vielzahl so genannter Lokalformen unterschieden wird. Neben den unten erwähnten zählen „Merauke", „Manokwari", „Yapen", „Lereh", „Jayapura", „Cape York" und „Wamena" zu den bekanntesten. Immer handelt es sich hierbei um Orts- oder Gebietsbezeichnungen,

Lokalformen und Farbvarianten

Variante	„Aru"	„Sorong"	„Biak"
Verbreitung	Aru-Inseln	Sorong, Vogelkop-Halbinsel	Biak-Inseln
Kopfform	flacher Kopf; eher abgerundete Schnauze	kleiner Kopf; ausgeprägte Hinterhauptwölbungen	großer, langer Kopf; große, aufgewölbte Nasenschilde
Schwanzspitze	abgerundet	spitz zulaufend	spitz zulaufend
Adultfärbung	smaragdgrüne Grundfarbe; weiße Schuppen über den Körper verteilt, evtl. schwache blaue Zeichnungselemente am Kopf und entlang dem Rücken	blauer Dorsalstreifen vom Nacken bis zum Schwanz, mit beidseitig angeordneten blauen Dreiecken; evtl. wenige weiße Schuppen	gelbe Flecken entlang der Körperoberseite; oft auffälliger gelber Fleck auf dem Kopf; vereinzelte weiße Schuppen
Jungtiere	leuchtend gelbe Jungtiere; schwarze, quer zur Wirbelsäule verlaufende Zeichnungselemente	rotbraune oder gelbe Jungtiere; durchgehender oder unterbrochener schwarzer Dorsalstreifen mit beidseitig angeordneten, schwarz eingefassten weißen Dreiecken	gelbe oder intensiv rote Jungtiere; rote Junge mit großen, leuchtend gelben oder weißen Dreiecken entlang der Wirbelsäule
Besonderheiten	mittelgroß; i. d. R. ruhige und umgängliche Tiere	eher klein bleibend; i. d. R. ruhige und umgängliche Tiere	sehr groß werdend; leicht reizbare und oft recht beißfreudige Tiere

Männchen der „High Yellow"-Farbvariante und normal gefärbtes Weibchen im Vergleich

Lokalformen und Farbvarianten

die die Herkunft der Schlangen angeben. Leider existieren bislang keine exakten Kriterien, mit deren Hilfe genaue Abgrenzungen möglich wären. Andererseits können auch Individuen aus demselben Verbreitungsgebiet mitunter recht unterschiedlich aussehen (O'SHEA 1996). Bei etlichen Varianten liegt allerdings der Verdacht nahe, dass es sich lediglich um Kreationen einfallsreicher Importeure handelt, um die Attraktivität der gehandelten Tiere zu erhöhen.

Drei relativ gut abzugrenzende und regelmäßig als Nachzucht erhältliche Formen werden in der Tabelle auf S. 11 näher vorgestellt. Insbesondere in den USA, mittlerweile aber auch hierzulande werden in den letzten Jahren vermehrt Farbmutationen gezüchtet und teils zu sehr hohen Preisen angeboten. Grundsätzlich spricht nichts gegen den Erwerb solcher Tiere, da es sich hier um echte Nachzuchten handelt. Eine bekannte Variante sind z. B. die so genannten „High Yellow"- oder „Lemon Tree"-Tiere, die auch ausgewachsen noch hohe Gelbanteile aufweisen.

Weibchen der Biak-Variante mit vielen gelben Zeichnungselementen

Lokalformen und Farbvarianten

Kopfporträt eines Weibchens der Aru-Variante. Deutlich sind die Labialgruben und die senkrecht geschlitzte Pupille zu erkennen.

Weibchen der Sorong-Variante in Lauerstellung

Gesetzliche Bestimmungen

DER Grüne Baumpython unterliegt dem Washingtoner Artenschutzabkommen (WA) und wird dort in Liste II geführt. In der EU-Artenschutzverordnung findet er sich in Anhang B. Daher müssen der Erwerb der Tiere sowie jede Bestandsveränderung durch Nachzucht, Tod oder Verkauf der zuständigen Behörde (z. B. Untere Landschaftsbehörde) gemeldet werden. Beim Kauf von Tieren sollte man deshalb unbedingt darauf achten, vom Verkäufer eine so genannte Nachzucht- bzw. Herkunftsbescheinigung zu erhalten. Diese sollte zumindest die deutsche und wissenschaftliche Bezeichnung sowie das Geburtsdatum und das Geschlecht (insofern bekannt) der Tiere enthalten. Ebenso müssen Name und Anschrift des Züchters bzw. Verkäufers mit aufgeführt werden. Darüber hinaus können auch eventuell Zuchtbuchnummern oder Angaben zu den Elterntieren vorhanden sein. Bei dem Erwerb von Wildfängen sollte man unbedingt den Kaufbeleg aufbewahren. Auch Informationen wie Einfuhrnummer oder Ursprungsland der Tiere können benötigt werden. Am besten informiert man sich bei seiner zuständigen Behörde vor dem Kauf, welche Nachweise dort gefordert werden.

Mieter sollten sich in jedem Fall vor dem Erwerb von Schlangen informieren, ob deren Haltung vom Vermieter und den restlichen Hausbewohnern geduldet wird.

> **DER PRAXISTIPP**
> Die für die Anmeldung geschützter Tiere zuständige Behörde ist von Bundesland zu Bundesland unterschiedlich. Eine Auflistung der entsprechenden Verwaltungsstellen findet sich auf der Homepage der DGHT (www.herp-science.de/dghtserver/Artenschutz/popfenster2.php; Stand 15.06.2005).

Überlegungen vor der Anschaffung

GRUNDsätzlich muss man sich vor der Anschaffung eines Tieres darüber Gedanken machen, ob man in der Lage ist, alle notwendigen Voraussetzungen zu erfüllen, die eine artgerechte Haltung ermöglichen. Bedenken Sie, dass neben dem Anschaffungspreis der Tiere auch noch weitere Aufwen-

Überlegungen vor der Anschaffung

dungen für das Terrarium sowie dessen technische Ausstattung und laufende Kosten, für z. B. Futter und Strom, auf Sie zukommen. Mitbewohner oder Familienangehörige müssen mit dem Erwerb einer Schlange einverstanden sein. Zur Überbrückung längerer Abwesenheiten (z. B. Urlaub) benötigen Sie eine hinreichend mit der Pflege von Reptilien vertraute Vertretung. Auch mit der Ernährung von Schlangen haben viele Menschen ein Problem. Überlegen Sie sich vorher gut, ob es Ihnen etwas ausmacht, Mäuse oder Ratten zu verfüttern.

Ältere Jungtiere, wie dieses etwa zehn Monate alte Exemplar, fressen bereits halbwüchsige Mäuse. Macht es Ihnen etwas aus, Mäuse oder Ratten zu verfüttern?

Erwerb der Tiere

BAUMpythons kann man über den Zoofachhandel, auf Reptilienbörsen oder bei Züchtern erwerben. Dabei sollte Nachzuchten absoluter Vorrang gegeben werden, da sich die Eingewöhnung von Wildfängen oftmals sehr langwierig und schwierig gestaltet. Die Tiere werden vor dem Export normalerweise wochenlang unter denkbar schlechten Bedingungen bei Fängern und Händlern in den Herkunftsländern „zwischengelagert". Importtiere sind häufig dehydriert (ausgetrocknet) und parasitär stark belastet. Solche Pythons verweigern nicht selten die Nahrungsaufnahme und müssen meist medikamentös behandelt werden. Tierarztkosten sind also beim Erwerb frischer Wildfänge von vornherein mit einzukalkulieren.

Auch vom Kauf so genannter Farmzuchten sollte abgesehen werden. Hierbei handelt es sich um Tiere, die in den Ursprungsländern bzw. im indonesischen Raum für den Export kommerziell gezüchtet wurden. Zum einen ist schlecht zu beurteilen, ob es sich tatsächlich um eine Farmzucht oder einen Wildfang handelt, zum anderen sind natürlich auch diese Tiere durch den Transport geschwächt und anfällig für Krankheiten sowie schwieriger in der Eingewöhnung.

Durch den Kauf von Nachzuchten werden nicht nur die natürlichen

Kopfporträt eines Weibchens der Sorong-Variante

Erwerb der Tiere

Bestände geschont, sondern man erhält auch meist gesunde, an Terrarienbedingungen gewöhnte Tiere. Adressen von Züchtern finden sich z. B. in Fachzeitschriften wie der REPTILIA, im „Anzeigen Journal" der DGHT oder in Kleinanzeigemärkten im Internet. Auch auf Reptilienbörsen lassen sich entsprechende Kontakte knüpfen. Idealerweise werden Jungtiere von privaten Züchtern erworben und bei diesen persönlich abgeholt. Ein guter Gesamteindruck sollte hier auf jeden Fall schwerer wiegen als der Abgabepreis. Die unten genannten Kriterien können zu einer Beurteilung des Verkäufers bzw. der Tiere herangezogen werden und Ihnen eine Kaufentscheidung erleichtern.

Ein gewissenhafter Züchter, dem das Wohl seiner Nachzuchten am Herzen liegt, wird gerne bereit sein, Sie umfassend zu beraten und Ihnen auch nach dem Kauf mit Rat und Tat zur Seite zu stehen.

Auf Börsen angebotene Tiere sind in ihren kleinen Verkaufsbehältern oft sehr unruhig. Da eine Überprüfung etlicher der oben genannten Kriterien dadurch deutlich erschwert wird, sollten Anfänger von dieser Form der Anschaffungsmöglichkeit absehen.

- Die Terrarien sollten einen sauberen und gepflegten Eindruck machen.
- Die Schlangen dürfen keine Verletzungen oder Außenparasiten (z. B. Milben) aufweisen und müssen frei von Häutungsresten sein.
- Die Tiere sollten in der typischen Ruhestellung auf einem Ast liegen und einen guten Ernährungszustand aufweisen.
- Die Pythons sollten ruhig und gleichmäßig atmen. Atemgeräusche oder gar Schleim am Maul deuten auf Infekte des Atemwegsapparates hin.
- Bei Störung durch Berührung sollte das Tier aufmerksam reagieren.
- Bei Jungtieren sollte der Züchter wichtige Daten, wie z. B. Protokolle der Nahrungsaufnahmen, sowie die Elterntiere vorweisen können.
- Jungtiere sollten mindestens zwei, besser drei Monate alt sein und bereits mehrfach selbstständig gefressen haben.
- Achten Sie darauf, dass Sie beim Kauf des Tieres eine Herkunfts- oder Nachzuchtbestätigung (siehe Kapitel „Gesetzliche Bestimmungen") erhalten.

Transport und Quarantäne

UM die Tiere wohlbehalten transportieren zu können, müssen entsprechende Behälter zur Verfügung stehen. Da *M. viridis* ungern auf dem Boden liegt, verzichten wir auf die sonst bei Schlangen gern verwendeten Leinensäckchen. Besser geeignet sind handelsübliche kleine Kunststoffterrarien mit perforiertem Deckel (Fauna-Box, Pet-Box usw.), die in ihren Abmessungen gerade so groß gewählt werden, dass dem Python ein Mindestmaß an Bewegungsfreiheit zur Verfügung steht. Zur Ausstattung des Transportbehälters gehören eine waagerechte Liegemöglichkeit in Form eines absolut fest angebrachten Astes oder einer Stange und Küchenpapier als Bodenbelag, um eventuelle Ausscheidungen aufzunehmen.

Um das Transportterrarium zu isolieren, kann man solche Styroporboxen verwenden.
Foto: L. Hogeback

Wenn mehrere Tiere erworben werden, sollte man diese auf jeden Fall einzeln unterbringen, um den Schlangen Stress durch andere Individuen zu ersparen und mögliche Bissverletzungen auszuschließen. Um Temperaturschwankungen und Zugluft zu vermeiden, wird der eigentliche Transportbehälter in einem zweiten, isolierenden Behältnis untergebracht, z. B. einer Styroporbox. Insbesondere bei niedrigen Außentemperaturen muss für eine Wärmequelle gesorgt werden, die die Temperaturen zwischen 25 und 30 °C hält.

Zu Hause angekommen, werden die Schlangen umgehend in bereits vorbereitete Terrarien gesetzt. Keinesfalls dürfen die Tiere mit Gewalt von ihrem Liegeast gezogen werden, da es dabei sonst speziell bei Jungtieren nicht selten zu einer Schädigung der Wirbelsäule (Dislokation einzelner Wirbel) kommt (WEIER & VITT 1999).

Neuankömmlinge sollten immer einzeln in Quarantäneterrarien untergebracht werden. Selbstverständlich müssen hier die gleichen klimatischen Bedingungen wie im normalen Terrarium herr-

Transport und Quarantäne

schen, die Einrichtung sollte jedoch deutlich übersichtlicher gehalten werden. Aus hygienischen Gründen verwenden Sie in diesem Fall am besten Zeitungs- oder Küchenpapier als Bodenbelag. Das Entfernen von Kot wird dadurch erleichtert, und das Terrarium ist mit wenigen Handgriffen zu reinigen. Als Kletter- und Liegeäste dienen Kunststoffsitzstangen für Vögel, die ebenfalls leicht zu säubern und zu desinfizieren sind. Gleiches gilt für Kunststoffpflanzen, die den oft gestressten Neuankömmlingen Deckung bieten. Auf innen angebrachte Rück- und Seitenwandverkleidungen sollte verzichtet werden. Um den Tieren dennoch das notwendige Gefühl der Sicherheit zu geben, empfiehlt es sich, von außen einen Sichtschutz etwa aus Pappe anzubringen. Natürlich dürfen Werkzeuge, wie Futterpinzetten oder Ähnliches, die im Quarantäneterrarium verwendet werden, nicht mit anderen Tieren oder Becken in Berührung kommen. Ebenso ist auf eine gründliche Desinfektion der Hände mit geeigneten Präparaten zu achten. Größtmögliche Hygiene und Vorsicht sind so lange angebracht, bis die Gesundheit des entsprechenden Tieres zweifelsfrei festgestellt ist. Speziell bei Wildfängen und so genannten Farmzuchten, zur Sicherheit aber auch bei Nachzuchttieren sollten nun Kotproben und Rachenabstriche entnommen und von entsprechenden Instituten untersucht werden (siehe Kapitel „Krankheiten" und „Weitere Informationen"). Auch gesund erscheinende Tiere können durch den Stress des Umgebungswechsels plötzlich erkranken. Sind die Ergebnisse der Untersuchungen negativ, d. h. ohne Befund, und fressen und verhalten sich die Schlangen nicht ungewöhnlich, können sie in ein normal eingerichtetes Terrarium umziehen bzw. das Quarantänebecken kann entsprechend umgestaltet werden. Liegen Erkrankungen vor, muss eine Behandlung nach Anweisung des Tierarztes erfolgen, und man hat die Genesung des Tieres abzuwarten. Danach werden oben genannte Untersuchungen wiederholt.

> **DER PRAXISTIPP**
> Um eine Styroporbox zu beheizen bzw. vor dem Auskühlen zu bewahren, eignen sich hervorragend handelsübliche Wärmflaschen. Allerdings ist dabei unbedingt darauf zu achten, dass das Wasser nicht zu heiß eingefüllt wird und die Temperatur in der Kiste dadurch nicht zu hoch ansteigt. Sowohl Überhitzungen als auch Unterkühlungen der Tiere wirken sich gesundheitsschädigend aus und können sogar tödlich enden.

Vergesellschaftung

EINE Vergesellschaftung mit artfremden Tieren ist prinzipiell abzulehnen. Kleinere Terrarienbewohner stellen eine potenzielle Beute dar, bei gleich großen oder größeren kann es durch gegenseitige Störungen zu permanentem Stress kommen. Außerdem ist es häufig schon schwierig genug, die Bedürfnisse einer Art in den beengten Terrarienverhältnissen zu erfüllen. Generell empfiehlt sich bei *M. viridis* die Einzelhaltung. Das Hantieren im Terrarium und insbesondere die Fütterungen werden dadurch stark vereinfacht. Normalerweise sind Baumpythons sehr gierige Fresser, und das gemeinsame Füttern mehrerer Tiere in einem Terrarium erfordert einige Übung und ein schnelles Reaktionsvermögen. Der gesamte Fressvorgang muss überwacht werden, um zu verhindern, dass ein Tier, das seine Beute bereits verschlungen hat, sich in ein Futtertier einer anderen Schlange verbeißt. Auch sind erste Krankheitsanzeichen, wie ausgewürgte Nahrung oder breiiger Kot, nur bei einzeln

Das Terrarium

SEIT 1997 liegen mit dem „Gutachten über die Mindestanforderungen an die Haltung von Reptilien", das bei der DGHT oder dem Bundesministerium für Verbraucherschutz, Ernährung und Landwirtschaft bezogen werden kann, eindeutige Empfehlungen zur Unterbringung und speziell zur erforderlichen Terrariengröße bei der Pflege von Reptilien vor. Diese werden in Form von Multiplikatoren angegeben, bezogen auf die Körperlänge der Schlangen. Für *M. viridis*, die eine Gesamtlänge von unter 2 m aufweisen, wird die Kantenlänge der Becken mit den Faktoren 0,75 x 0,5 x 1,5 für die Länge, Breite und Höhe errechnet. Ein etwa 1,5 m langes Exemplar benötigt hiernach ein Terrarium mit einer Grundfläche von 112,5 x 75 cm sowie einer Höhe von 225 cm. Die Maximalhöhe darf allerdings unabhängig vom errechneten Wert auf 2 m beschränkt bleiben. Es soll jedoch

untergebrachten Tieren sicher zuzuordnen.

Keinesfalls dürfen mehrere Männchen zusammen gepflegt werden. Auch wenn diese über längere Zeit friedlich zusammenleben, kann es spätestens mit Erreichen der Geschlechtsreife unvermittelt zu aggressiven Auseinandersetzungen kommen. Die Kontrahenten sind in der Lage, sich schwerste Bissverletzungen zuzufügen. Diese Konfrontationen enden mitunter tödlich, da dem unterlegenen Tier im Terrarium die Möglichkeit zur Flucht fehlt. Auch Paare sollten nicht dauerhaft zusammen gehalten werden. Neben den auch zwischen Männchen und Weibchen möglichen Streitigkeiten wirkt sich eine permanente Vergesellschaftung oft negativ auf die Fortpflanzungsbereitschaft aus. Zur gemeinsamen Unterbringung mehrerer Individuen in einem Terrarium kommen, mit all den oben genannten Nachteilen, nur futterfeste Jungtiere und Weibchen in Frage. Dabei gilt es jedoch zu bedenken, dass hierfür größere und stärker strukturierte Becken erforderlich sind.

Teil unserer Terrarienanlage zur Haltung von *Morelia viridis*

Das Terrarium

Teil unserer Terrarienanlage zur Haltung von Grünen Baumpythons und Teppichpythons

nicht verschwiegen werden, dass Grüne Baumpythons auch in deutlich kleineren Terrarien erfolgreich gepflegt und zur Fortpflanzung gebracht werden.

Der Zoofachhandel bietet mittlerweile eine große Auswahl an Standardglasterrarien an, die zur Aufzucht und Unterbringung frisch geschlüpfter bis halbwüchsiger Exemplare gut geeignet sind. Will man für adulte Tiere ebenfalls Glasterrarien verwenden, wird man gewöhnlich auf Sonderanfertigungen zurückgreifen müssen.

Mit einigem handwerklichen Geschick lassen sich aber auch leicht geeignete Behälter aus Holz anfertigen. Wir empfehlen dabei die Verwendung der ausgesprochen feuchtigkeitsunempfindlichen Siebdruckplatten.

Man kann sich diese in verschiedenen Stärken im Holzfachhandel oder im Baumarkt erhältlichen Platten auf Maß zuschneiden lassen und sie mit versenkbaren Spanplattenschrauben miteinander verbinden. Die Front kann hierbei genau wie bei Standardterrarien aus in E-Profilen laufenden, gegeneinander verschiebbaren Scheiben bestehen. Beim Glas muss auf jeden Fall auf eine saubere Kantenbearbeitung geachtet werden, um einen leichten Lauf in den Schienen zu ermöglichen und Schnittverletzungen zu vermeiden. Da der Boden zur Aufnahme des feuchten Bodensubstrates wasserdicht sein sollte, wird er entweder mit Teichfolie ausgeschlagen oder mit einer der Grundfläche entsprechenden, maßangefertigten Glaswanne ausgestattet. Die entstehenden Übergänge werden mit Silikon abgedichtet, um zu verhindern, dass Wasser zwischen Holz und Glas gelangen kann. So werden Fäulnisschäden vermieden. Auf diese Weise angefertigte Terrarien wiederstehen auch der permanent hohen Luftfeuchte und lassen sich mit ein wenig Geschick auch sehr schön in den Wohnbereich integrieren. Neben der wesentlich besseren Wärmedämmung lassen sich auch Kletter- und Liegeäste sehr viel leichter, etwa mit Winkeln verschraubt, an den Seitenwänden befestigen.

Auch andere Terrarien, wie das „Alustecksystem", kommen in Frage. Beim Selbstbau ist natürlich darauf zu achten, dass die notwendigen Lüftungsflächen nicht vergessen werden. Normalerweise wird man eine Querstrombelüftung einbauen. Hierbei befindet sich eine Lüftungsöffnung im unteren und eine zweite im oberen Bereich bzw. im Deckel. Im Zweifelsfall sollte sie lieber etwas großzügiger dimensioniert werden, da es bei Bedarf wesentlich leichter ist, die Lüftung beispielsweise durch Zukleben zu verringern als sie nachträglich zu erweitern. Hier gilt es, die richtige Balance zwischen Vermeidung von Stickluft und einer zu geringen Luftfeuchte zu finden. Die Öffnungen lassen sich gut mit Aluminiumlochblech oder feiner Drahtgaze versehen.

Alle benötigten Materialien sind problemlos im Baumarkt oder im Zoofachhandel erhältlich. Einen guten Überblick über die verschiedenen Varianten des Terrarienbaus geben HENKEL & SCHMIDT (2003).

Terrarientechnik

NUR durch den Einsatz einiger technischer Hilfsmittel ist es möglich, die für die Haltung von *M. viridis* erforderlichen Temperatur- und Luftfeuchtigkeitswerte zu schaffen. Der Grüne Baumpython stellt als Bewohner hauptsächlich dichter Regenwälder keine allzu großen Anforderungen an die Beleuchtungsintensität. Daher kann auf die Verwendung teurer Speziallampen oder UV-Bestrahlung verzichtet werden. Am besten eignen sich hochwertige Leuchtstofflampen der Lichtfarben 840 oder

Blick in die Technik eines Terrarienregals. Zur Beleuchtung und Beheizung von oben dienen Leuchtstoffröhren und Spotstrahler. Unter den Terrarien wurden Heizkabel in Styropor verlegt.

860 bzw. 940 oder 960. Diese reichen aus, um die attraktiven Farben der Schlangen zur Geltung zu bringen, und fördern ein üppiges Pflanzenwachstum. Die Verwendung passender Reflektoren ist aufgrund der wesentlich besseren Lichtausbeute sehr empfehlenswert. Zur Beheizung kommen in erster Linie Heizmatten oder -kabel, die unter dem Terrarium verlegt werden, in Frage. Diese Form der Erwärmung bewirkt ein gleichmäßiges Verdunsten des im feuchten Bodensubstrat gespeicherten Wassers und trägt damit maßgeblich zur Aufrecherhaltung eines adäquaten Klimas bei.

Die oberen Regionen des Terrariums können mit Spotstrahlern oder keramischen Infrarotstrahlern, wie den bekannten und bewährten Elsteinstrahlern, beheizt werden. Die Keramikstrahler sollten ausschließlich mit hitzebeständigen Keramikfassungen und einem geeigneten Thermostaten betrieben werden. Sofern sie sich nicht außerhalb des Terrariums anbringen lassen, was übrigens für alle elektronischen Komponenten anzustreben ist, müssen sie unbedingt mit einem Schutzkorb aus Metall versehen werden, um Verbrennungen auszuschließen. Die durchschnittliche Betriebstemperatur eines 60-W-Elsteinstrahlers beträgt 290 °C! (http://www.elstein-werk.de/index_iot.htm; Stand 15.06.2005).

Zur zusätzlichen punktuellen Erwärmung eignen sich hervorragend handelsübliche Spotstrahler, die in Stärken ab 25 W überall erhältlich sind. Auf spezielle, teure Wärmelampen aus dem Zoofachhandel kann bedenkenlos verzichtet werden. Auch normale Spotstrahler müssen für die Schlangen unerreichbar angebracht werden!

Berücksichtigt man die angesprochenen Sicherheitsaspekte, lassen sich gerade mit der Kombination aus thermostatgesteuerten Keramikstrahlern und Spotstrahlern hervorragend die notwendigen Tag- und Nachttemperaturen erreichen. Die erforderlichen Wattzahlen hängen von vielen Faktoren ab, daher lassen sich hier keine allgemeingültigen Aussagen treffen. Terrariengröße, verwendete Materialien und Raumtemperatur sind Hauptfaktoren, die bei der Wahl der Leistungsaufnahme der einzelnen Leucht- und Heizmittel berücksichtigt werden müssen.

Alle Elektroinstallationen sind von einem Fachmann durchzuführen!

Terrarieneinrichtung

DER Einrichtung des Terrariums kommt eine besondere Bedeutung zu. Durch den geschickten Einsatz verschiedener Gestaltungselemente schaffen wir den Tieren eine künstliche Umwelt, in der sie sich wohl fühlen und ihre natürlichen Verhaltensweisen zeigen.

Um den Pythons die Möglichkeit zu geben, den von ihnen bevorzugten Temperaturbereich aufzusuchen, sollte man waagerechte Kletter- und Liegemöglichkeiten in verschiedenen Höhen anbringen. Dafür eignen sich vor allem Äste verschiedener Laubbäume mit glatter Rinde, wie z. B. Buche, die im Querschnitt ein wenig dicker als der Körperdurchmesser der Schlange sein sollten. Nadelhölzer und andere stark harzende Holzsorten, wie z. B. Kirsche, sind ungeeignet.

Der Bodengrund besitzt, abgesehen von der oben genannten klimaregulatorischen Wirkung, eine eher untergeordnete Bedeutung. Wir verwenden ausschließlich Kokosfasersubstrat. Dieses im Zoofachhandel zu Blöcken gepresst erhältliche Material speichert Wasser sehr gut. Einmal ausgetrocknet, lässt es sich problemlos wieder nachfeuchten. Auch versehentlich mitgefressene, z. B. Futtertieren anhaftende, Fasern stellen kein Problem dar. Buchenholzschnipsel, geschrotete Pinienborke oder Rindenmulch eignen sich weniger. Die Gefahr, dass durch verschluckte scharfkantige Holzteilchen Verletzungen im Magen-Darm-Bereich verursacht werden, ist sehr groß. Außerdem stauben diese Substrate im trockenen Zustand stark und nehmen nur schwer wieder Wasser auf.

Entsprechend dem dicht bewachsenen Lebensraum in Büschen und Bäumen des Regenwaldes sollte auch das Terrarium üppig bepflanzt sein. Dadurch schafft man geschützte und schattige Stellen, die von *M. viridis* gerne als Ruheplätze angenommen werden. Die verwendeten Grünpflanzen sollten widerstandsfähig und schnellwüchsig sein, um den besonderen Belastungen wie Überkriechen und Plattdrücken durch die Schlangen standhalten zu können. Als geeignet haben sich die Gattungen *Monstera*, *Philodendron*, *Spatiphyllum*, *Dieffenbachia* und insbesondere das unverwüstliche *Epipremnum* au-

reum (Efeutute) erwiesen. Stellt man die Pflanzen in Töpfen in das Terrarium, erleichtert dies ein Auswechseln abgestorbener oder unansehnlich gewordener Exemplare. Auch der gelegentlich notwendige Austausch des Bodengrundes, der in diesem Fall nur wenige Zentimeter hoch eingefüllt sein muss, wird deutlich erleichtert.

Durch undurchsichtige Rück- und Seitenwände werden dunkle Ecken geschaffen, die den Tieren Rückzugsmöglichkeiten bieten. Für diesen Zweck sehr gut geeignet sind Naturkorkplatten oder Backkork. Glasterrarien können aber auch einfach von außen mit brauner oder grüner Pappe beklebt werden. Eine Wasserschale zur Deckung des Trinkbedürfnisses darf natürlich nicht fehlen. Sie kann sich im oberen Bereich befinden oder aber auch einfach auf den Boden gestellt werden. Hierfür nimmt man am besten leicht zu reinigende Keramiknäpfe. Zur Anbringung eines Wassergefäßes im Geäst eignen sich sehr gut Futternäpfe aus Edelstahl für Papageien, die einfach in einen passenden, an der Einrichtung oder der Wand befestigten Ring eingehängt werden. An der Terrariendecke oder an hohen Ästen aufgehängte Blumenampeln erfüllen denselben Zweck.

Allen, die sich eingehender mit den Möglichkeiten einer naturnahen Terrarieneinrichtung beschäftigen wollen, sei an dieser Stelle das Buch von WILMS (2004) empfohlen.

Dicht bepflanzte Terrarien bieten den Tieren Sichtschutz und Rückzugsmöglichkeiten.

Terrarienklima

ENTsprechend den Verhältnissen im natürlichen Lebensraum benötigt *M. viridis* auch im Terrarium ganzjährig hohe, gleichmäßige Temperaturen und eine hohe Luftfeuchte. Zum Erreichen der erforderlichen Werte von tagsüber 70–80 % und 80–90 % nachts gibt es verschiedene Möglichkeiten. Wird der feuchte Bodengrund erwärmt, resultiert eine langsame, gleichmäßige Verdunstung des darin gespeicherten Wassers. Verschiedene Methoden hierzu wurden im Kapitel „Terrarientechnik" erläutert. Zusätzlich sollte die Terrarieneinrichtung mindestens einmal täglich kräftig übersprüht werden, um einen kurzen Niederschlag zu simulieren. Wurde die Lüftung nicht allzu großzügig ausgelegt, reichen diese beiden Maßnahmen meist aus, die angestrebten Werte zu erreichen. Bei größeren Terrarien oder Anlagen können auch Ultraschallvernebler oder Beregnungsanlagen zum Einsatz kommen.

Im Terrarium sind tagsüber Temperaturen im Bereich zwischen 25 und 32 °C notwendig. Der Spitzenwert muss hierbei allerdings nur lokal erreicht werden. Da sich

Elsteinstrahler sollten ausschließlich mit hitzebeständigen Keramikfassungen betrieben werden.

> **DER PRAXISTIPP**
> Das Übersprühen der Terrarieneinrichtung sollte in den Abendstunden erfolgen, da die Tiere in der Aktivitätsphase sehr gerne die auf ihnen selbst, den Blättern und den Scheiben entstehenden Tropfen aufnehmen. Durch die starke Zerstäubung ist der Sprühnebel selbst bei heiß eingefülltem Wasser nur lauwarm. Kaltes Wasser erschreckt die Tiere sehr und kann zu einer zu starken Abkühlung führen.

Terrarienklima

Im Terrarium angebrachte Heizstrahler müssen unbedingt mit einem Schutzkorb gesichert werden, um Verbrennungen zu vermeiden.

> **DER PRAXISTIPP**
> Wir möchten am Beispiel einiger unserer Terrarien verdeutlichen, wie die einzelnen Faktoren zusammenspielen können. Die zur Haltung noch nicht geschlechtsreifer (semiadulter) Baumpythons konzipierten Becken sind 60 cm breit, 80 cm tief und 80 cm hoch. Sechs davon stehen in einer Reihe nebeneinander. Unter ihnen wurden drei 50-W-Bodenheizungskabel gleichmäßig verlegt. Daraus ergibt sich eine maximale Leistung von 25 W pro Becken. Der Vorteil der Verwendung mehrerer schwächerer Kabel liegt darin, dass sie bei Bedarf einzeln ab- bzw. zugeschaltet werden können. Über den Terrarien hängt je nach Jahreszeit ein 25- oder ein 40-W-Spotstrahler, der morgens nach Anschalten der Beleuchtung für ca. 4-5 Stunden zugeschaltet wird. Gegen Mittag hat sich der Raum, in dem all unsere Terrarien untergebracht sind, bereits so stark erwärmt, dass auf eine weitere Beheizung von oben verzichtet werden kann. Ein größeres, im Wohnbereich stehendes Schaubecken wird auf die gleiche Art beheizt. Da die Raumtemperatur hier natürlich erheblich geringer ist, wird mit einem thermostatgesteuerten 60-W-Elsteinstrahler die erforderliche Grundtemperatur erzeugt.

M. viridis als Bewohner des tropischen Regenwaldes gerne z. B. unter Blättern versteckt auf Vorzugstemperatur aufwärmt, muss darauf geachtet werden, dass auch verdeckt liegende Bereiche die erforderlichen Werte aufweisen. Nachts dürfen die Temperaturen nicht unter 22–23 °C fallen. Durch die oben beschriebene Beheizung des Bodengrundes ergibt sich bei kleineren Terrarien meist schon eine ausreichende Grundtemperatur. Ideal zur Beheizung größerer Terrarien eignen sich keramische Infrarotstrahler wie die bereits erwähnten Elsteinstrahler, in Kombination mit einem geeigneten Thermostat. Sie sind in Stärken ab 60 W erhältlich, was in den meisten Fällen auch vollkommen ausreichend sein dürfte. Da von diesen Wärmequellen kein Licht ausgesendet wird, können sie permanent, also auch nachts betrieben werden. Der Temperaturfühler des Thermostates wird im oberen Drittel

Terrarienklima

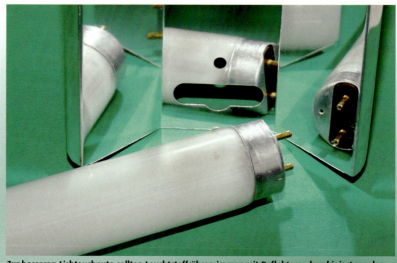

Zur besseren Lichtausbeute sollten Leuchtstoffröhren immer mit Reflektoren kombiniert werden.

des Terrariums unauffällig etwa mit einem Kabelbinder befestigt. Man sollte darauf achten, dass zwei Temperaturen eingestellt werden können, eine für tagsüber und ein weiterer Wert für nachts. Wir empfehlen hier die Verwendung eines Biotherm-Thermostates mit 5 °C Nachtabsenkung. So kann die notwendige Grundtemperatur z. B. auf 24 bzw. 29 °C festgelegt werden. Insbesondere wenn Terrarien in den Wohnbereich integriert werden, leistet die thermostatgesteuerte Heizung unschätzbare Dienste. Die speziellen, im Kapitel „Terrarientechnik" erläuterten Sicherheitsaspekte müssen je-

Terrarienklima

Die beim Sprühen entstehenden Wassertropfen werden von den Tieren gerne zur Deckung ihres Flüssigkeitsbedarfes aufgenommen.

Mit Spotstrahlern werden Wärmeinseln geschaffen.

doch unbedingt eingehalten werden.
Mit Spotstrahlern schaffen wir lokal noch etwas wärmere Bereiche, die von den Schlangen zeitweilig gerne aufgesucht werden. Abgesehen von den Thermostaten werden alle Leucht- und Heizmittel mit Zeitschaltuhren gesteuert. Die Beleuchtungsdauer sollte entsprechend den Verhältnissen in Äquatornähe zwölf Stunden täglich betragen. Gut ablesbar im Terrarium angebrachte Thermo- bzw. Hygrometer erleichtern die notwendige Überwachung der Temperatur und Luftfeuchtigkeit.
Natürlich muss schon vor dem Einsetzen der Schlange ins Terrarium sichergestellt sein, dass die erforderlichen Klimawerte eingehalten werden!

Pflegearbeiten

DA Schlangen nicht täglich gefüttert werden, hält sich der Pflegeaufwand in einem Schlangenterrarium in Grenzen. Reinigungstätigkeiten führt man am besten am Tage aus, da sich die Tiere dann meist ruhiger verhalten. Wenn die Pythons gegen Abend aktiv werden und ihre Lauerstellung einnehmen, wird das Hantieren im Terrarium deutlich erschwert.

Zu den täglich anfallenden Arbeiten gehören das Ausspülen der Wasserschale und das Besprühen der Terrarieneinrichtung. Bei dieser Gelegenheit sollte man immer auch einen prüfenden Blick auf seinen Schützling werfen, um beispielsweise Krankheitsanzeichen frühzeitig zu erkennen. Kot und abgestreifte Haut sollten immer schnellstmöglich entfernt werden. Andere regelmäßig anfallende Arbeiten bestehen im Ausputzen und Gießen der Pflanzen und dem Nachfeuchten des Bodengrundes. Das Substrat sollte nicht triefend nass sein, aber auch nie ganz austrocknen. Von Zeit zu Zeit wird auch eine Komplettreinigung des Terrariums

Fütterung

AUS gewachsene *M. viridis* werden hauptsächlich mit Nagetieren ernährt. Im Terrarium reicht man Labormäuse, Vielzitzenmäuse, Ratten und andere kleine Nager. Oft werden auch Eintagsküken gerne gefressen. Nach der Verfütterung von Vögeln erhält der Kot jedoch eine eher breiige Konsistenz und einen unangenehmen Geruch. Da wir mit der ausschließlichen Verwendung von Nagetieren sehr gute Erfahrungen gemacht haben, raten wir von allzu häufiger Fütterung mit Küken ab. Als Abwechslung oder um Nahrungsverweigerer zum Fressen zu bringen, eignen sie sich jedoch sehr gut. Tiefgefrorene Futtertiere der oben genannten Arten bekommt man im Zoofachhandel oder bei speziellen Futtertierlieferanten. Der Fachhandel hält meist auch lebende Nager bereit. Auf das Verfüttern lebender Futtertiere sollte man aber verzichten. Gerade größere Nager, etwa adulte

Pflegearbeiten/Fütterung

notwendig. Die Schlange kann dann für die Dauer der Arbeiten in einer Plastikbox untergebracht werden, wie im Kapitel „Transport und Quarantäne" beschrieben. Der Bodengrund wird nun komplett ausgetauscht, und morsche Äste sowie unansehnliche Pflanzen werden ebenfalls erneuert.

Drucksprühgeräte eignen sich hervorragend zum Übersprühen der Terrarieneinrichtung.

DER PRAXISTIPP

Falls das Terrarium komplett desinfiziert werden soll (z. B. bei Quarantäne, Milbenbefall, o. Ä.), muss man bei der Auswahl der entsprechenden Produkte darauf achten, keine giftigen, phenolhaltigen Präparate (z. B. Sagrotan) oder quartäre Ammoniumverbindungen zu verwenden. Am besten geeignet sind Mittel auf Alkohol- oder Peroxidbasis. Eventuelle Rückstände müssen vollständig ausgewaschen werden (EISENBERG 2001, 2003).

Mäuse oder halbwüchsige Ratten, sind sehr wehrhaft und können den Schlangen ernsthafte Verletzungen zufügen. Frostfutter muss in jedem Fall vollständig aufgetaut werden und sollte mindestens Zimmertemperatur aufweisen. Bei Schlangen, die nur ungern aufgetaute Nager annehmen, kann es hilfreich sein, diese auf Körpertemperatur zu erwärmen, um die temperaturempfindlichen Sensoren der Schlange anzusprechen. Die Fütterung erfolgt am besten abends kurz nach Erlöschen der Beleuchtung. Hungrige Tiere werden dann in Lauerstellung auf Beute warten. Zur Fütterung benötigt

Zur Fütterung von Schlangen sollten lange Pinzetten mit stumpfen Enden oder Futterzangen verwendet werden.

Fütterung

man eine große Pinzette oder Futterzange mit abgerundeten Enden und einer Länge von mindestens 30 cm. Gerade bei adulten Tieren sollten eher noch längere verwendet werden, um die Tiere nicht durch die Wärme und Bewegungen der Hand abzulenken. Schmerzhafte Bissunfälle können so vermieden werden. Das Futtertier wird so vorgehalten, dass die Schlange beim Zubeißen nicht die Pinzette erwischt, was zu abgebrochenen Zähnen und Verletzungen im Maul führen kann. Ist die Schlange hungrig, wird die Beute gepackt, mit 2–3 Schlingen umwickelt und „erwürgt". Anschließend wird die Nahrung durch Bezüngeln ausgiebig inspiziert und Kopf voran verschlungen. Kleine Futtertiere werden manchmal auch gegen den Fellstrich gefressen, also von hinten beginnend.

> **DER PRAXISTIPP**
> Wie bereits erwähnt, sollte auf das Verfüttern lebender Nagetiere verzichtet werden. Wenn man nun Nager selber züchtet oder lebend erwirbt, steht man natürlich vor dem Problem, diese fachgerecht zu töten. Mäuse oder Ratten sollten am besten mit einem (!) gezielten und harten Schlag auf den Kopf betäubt bzw. durch die damit verbundene Zerstörung des Gehirns getötet werden. Dabei darf den Tieren kein Leid durch unsachgemäße Durchführung zugefügt werden. Die Methodik sollte unbedingt unter Anleitung einer erfahrenen Person erlernt werden. Wer sich dies nicht zutraut, muss auf Frostfutter zurückgreifen (www.dght.de/diskussionsforen/forenregel10.htm; Stand 15.06.2005).

Adultes Weibchen beim Fressen einer Vielzitzenmaus

Bei *M. viridis* gilt der Grundsatz, dass das Futtertier nicht wesentlich dicker sein sollte als der Körperumfang des Pythons. Für frisch geschlüpfte Tiere eignen sich einen Tag alte Mäusebabys. Adulte Exemplare bewältigen problemlos Beutetiere in der Größe halbwüchsiger Ratten. Während Jungtiere bis zum Alter von zwei Jahren einmal wöchentlich Futter erhalten, wird der Abstand bei älteren Tieren auf 10–14 Tage ausgedehnt. Ausgewachsene Exemplare erhalten nur noch alle

3–4 Wochen eine größere Ration. Baumpythons sind in der Regel gierige Fresser und neigen zur Verfettung. Insgesamt sollte eher sparsam gefüttert werden, um gesundheitliche Beeinträchtigungen wie Kreislaufprobleme und Organschäden (z. B. Fettleber) zu vermeiden (KIVIT & WISEMAN 2005). Überfütterte Tiere haben aufgrund der starken Wölbung im Magenbereich nicht selten Probleme, sich normal zusammenzurollen, und lassen eine Körperschlinge nach unten hängen. Im Extremfall kommt es zum Auswürgen des Futtertieres, was eine starke Belastung für den Verdauungsapparat und den Wasserhaushalt der Schlange darstellt. Die nächste Futteraufnahme sollte in diesem Fall erst ca. drei Wochen später erfolgen. Aber auch wenn die Beute nicht erbrochen wird, ergeben sich bei Überfütterungen Probleme. Die während der Verdauung sehr inaktiven Tiere leiden nicht selten an Verstopfungen, die im schlimmsten Fall zu Darmvorfällen (siehe Kapitel „Krankheiten") führen können. Bei der Verfütterung hochwertig ernährter Nagetiere erübrigt sich eine zusätzliche Vitaminisierung. Auch auf Mineralstoffzugaben wie etwa Kalzium kann verzichtet werden. Verwendet man ausschließlich Frostfutter, oder zum Aufbau kranker bzw. geschwächter Tiere, können Vitamingaben jedoch sinnvoll sein. WEIER & VITT (1999) empfehlen beim überwiegenden Einsatz von Frostfutter bei jeder zweiten Fütterung die Verabreichung eines Vitaminkomplexpräparates („Vitamin ADE" der Firma Selectavet) in Höhe von 0,4 ml pro kg Körpergewicht (KG) der Schlange. Auch mit „Tricrescovit" (0,2 ml/kg KG) wurden gute Erfahrungen gemacht. Die Vitamine werden mittels einer Spritze in das Futtertier injiziert. Wer sicherstellen will, nur hochwertigstes Futter zu verwenden, wird um eine eigene Mäuse- bzw. Rattenzucht nicht umhin kommen. Wertvolle Hinweise hierzu finden sich bei FRIEDERICH & VOLLAND (1998).

> **WUSSTEN SIE SCHON?**
> Hungrige Grüne Baumpythons jedes Alters zeigen eine recht interessante Verhaltensweise: Während sie in Lauerposition vom Ast herabhängen, werden die letzten Zentimeter des Schwanzes vom Körper weggestreckt und wellenförmig hin und her bewegt. Man nimmt an, dass das „Wedeln" des Schwanzes einen Wurm oder Ähnliches imitieren soll, um potenzielle Beutetiere anzulocken, wie z. B. Vögel und Echsen. SWITAK (1975) berichtet davon, dass junge *Anolis* sp., die den Köder schnappen wollten, gepackt und gefressen wurden. Auf Berührungen der Schwanzspitze reagieren alle *M. viridis* sehr aufmerksam. Nicht selten wird dadurch eine Beißreaktion ausgelöst.

Nachzucht

FÜR viele Terrarianer stellt die Nachzucht das oberste Ziel ihrer Bemühungen und die Krönung einer optimalen Haltung dar. Zweifellos ist es ein ganz besonderes Erlebnis, für die aufgewendete Zeit und Arbeit mit dem Anblick frisch geschlüpfter, gesunder Jungtiere belohnt zu werden. Der Weg dahin ist jedoch mit manchen Hindernissen verbunden.

Geschlechtsunterschiede und Geschlechtsreife

Leider bereitet die Unterscheidung der Geschlechter einige Schwierigkeiten. Weibchen werden gewöhnlich deutlich größer und fressen meist besser als die Männchen. Körpergröße und Fressverhalten sind jedoch sehr individuell und stellen keine sicheren Unterscheidungskriterien dar. Zu den äußerlich erkennbaren Geschlechtsmerkmalen zählen die Aftersporne. Während diese bei geschlechtsreifen Männchen Längen von bis zu 1 cm erreichen können, sind sie bei weiblichen Tieren meist nur wenige Millimeter lang und kaum sichtbar. Dieses Merkmal ist je-

Manche Weibchen färben sich während der Trächtigkeit blau.

Nachzucht

Bei geschlechtsreifen männlichen Tieren sind die Aftersporne deutlich zu erkennen.

Abgestreifte Haut eines Männchens – auch die Hemipenes wurden mitgehäutet.

doch nicht immer deutlich ausgeprägt und lässt sich zudem nur bei adulten Tieren überprüfen. Daher müssen die Schlangen zur eindeutigen Geschlechtsbestimmung sondiert werden. Dabei wird ein Metallstab mit abgerundetem Kopf (Knopfsonde) durch die Kloake in die im Schwanzansatz liegenden Hemipenis- bzw. Hemiklitoristaschen eingeführt. Bei Männchen kann man ca. 9–10, bei Weibchen ca. zwei Subcaudalia (Schuppen der Schwanzunterseite) weit eindringen (ROSS & MARZEC 1994). Da das Verletzungsrisiko beim Sondieren allerdings nicht zu unterschätzen ist, sollte diese Form der Geschlechtsbestimmung nur von erfahrenen Schlangenpflegern durchgeführt werden. Gerade bei den grazilen Jungtieren muss man sehr vorsichtig sein. Sie sollten frühestens mit zwölf Monaten sondiert werden.

Die Geschlechtsreife wird normalerweise im Alter von etwa drei Jahren erreicht, bei Männchen unter Umständen auch etwas früher. Es empfiehlt sich jedoch, weibliche Tiere nicht vor dem Erreichen des vierten Lebensjahres zur Vermehrung einzusetzen. Erst danach haben die Tiere eine Konstitution erreicht, die es ihnen ermöglicht, die Strapazen einer Trächtigkeit und die eventuell anschließende Brutphase unbeschadet zu überstehen. Selbstverständlich dürfen immer nur gesunde, sich in einwandfreier Verfassung befindliche Tiere zur Nachzucht verwendet werden.

Paarungsauslöser

DURCH eine geringe Absenkung der Temperatur lässt sich *M. viridis* leicht in Paarungsstimmung bringen. Dazu werden die Nachttiefstwerte im Herbst schrittweise auf etwa 21–20 °C herabgesetzt. Bei einzeln gehaltenen Männchen zeigt sich die verstärkte Paarungsbereitschaft jetzt sehr deutlich durch auffällig nervöses Verhalten. Die Tiere kriechen nachts unruhig im Terrarium umher und stellen nicht selten die Nahrungsaufnahme ein. Manche Männchen suchen während dieser Zeit auch vermehrt kühlere Plätze im Terrarium auf (WEIER & VITT 1999; eig. Beob.). Werden die Geschlechter nun vergesellschaftet, wobei man das Männchen zum Weibchen setzen sollte, kommt es oft noch am selben Abend zu ersten Annäherungen oder Paarungen. Zum Herausnehmen der Tiere empfiehlt sich auch bei ruhigeren Exemplaren das Tragen derber Lederhandschuhe, um schmerzhafte Bissverletzungen zu vermeiden. Keinesfalls dürfen die Pythons mit Gewalt vom Ast gezogen werden, falls sie sich mit dem Schwanzende festhalten. Normalerweise lassen sie sich durch Anstupsen desselben leicht zum Weiterkriechen bzw. Loslassen bewegen.

In der Folgezeit müssen die Tiere genau beobachtet werden, um bei eventuell auftretenden Auseinandersetzungen schnell eingreifen zu können. Nicht jedes Paar harmoniert! Das Männchen signalisiert seine Paarungsbereitschaft, indem es mit seinen Afterspornen an Rumpf und Schwanz des Weibchens Kratzbewegungen ausführt. Normalerweise wird es nun in den nächsten Wochen regelmäßig zu Kopulationen kommen, die oft bis in die Morgenstunden andauern. Finden 2–3 Nächte lang keine Paarungen mehr statt, kann es helfen, die Tiere wieder für ein paar Tage zu separieren und sie anschließend erneut zusammenzusetzen. Die Temperaturen werden nun allmählich wieder erhöht. Zeigen die Tiere keinerlei Paarungsaktivitäten mehr, müssen sie getrennt werden. Nach der Befruchtung kann es zwischen den Schlangen zu aggressiven Auseinandersetzungen kommen. Ein Weibchen der Aru-Form wurde bei uns von seinem Partner, mit dem es über Wochen vergesellschaftet war,

Paarungsauslöser

Männchen und Weibchen der Sorong-Variante bei der Paarung

plötzlich attackiert, als es keine Paarungen mehr zuließ. WEIER & VITT (1999) berichten von einem ähnlichen Zwischenfall.

Trächtigkeit und Eiablage

IM Vorfeld der Nachzuchtbemühungen und während der Paarungen sollten die Weibchen verstärkt gefüttert werden. Ausreichende Fettreserven erlauben ihnen, die anschließende, oft monatelang dauernde Fastenzeit zu überstehen. Das sicherste Anzeichen einer Trächtigkeit ist die Nahrungsverweigerung, denn selbst die gierigsten Fresser stellen während dieser Zeit die Futteraufnahme ein. Dennoch kann man dem Weibchen ab und an versuchsweise kleinere Futtertiere anbieten. Das häufigere Aufsuchen wärmerer Stellen im Terrarium, eine Umfangsvermehrung und eventuelle Farbveränderungen können nun ebenfalls oft beobachtet werden. Gerade Weibchen der Aru- und der Sorong-Form neigen dazu, sich während der Trächtigkeit blau zu färben. Die Fähigkeit hierzu ist allerdings individuell unterschiedlich stark ausgeprägt und reicht von kaum wahrnehmbaren Veränderungen

Aru-Weibchen bei der Eiablage

bis hin zu einer intensiven Blaufärbung. Während die meisten Tiere nach der Eiablage wieder langsam zum ursprünglichen Grünton zurückkehren, behalten einige das Blau ganz oder teilweise bei. Da trächtige Weibchen sehr wärmebedürftig sind, ist es notwendig, für höhere Temperaturen von lokal bis zu 35 °C zu sorgen. Natürlich müssen die Tiere wie sonst auch in kühlere Bereiche ausweichen können. Nachts sollten die Werte nicht mehr unter 25 °C fallen. Bei unseren Tieren kam es bisher jedes Mal ca. zwei Monate nach dem Einstellen der Nahrungsaufnahme zur Eiablage. Etwa 14–23 Tage vor der Ablage findet immer eine Häutung statt (KIVIT & WISEMAN 2005; MAXWELL 2003; WEIER & VITT 1999; eig. Beob.).

Da der Grüne Baumpython in der Natur Baumhöhlen oder ähnliche Verstecke zur Eiablage aufsucht, muss spätestens jetzt für eine geeignete Eiablagemöglichkeit im Terrarium gesorgt werden. Naturstammnisthöhlen, Vogelnistkästen oder einfach im Geäst aufgehängte, verschließbare Kunststoffeimer mit eingeschnittenem Einschlupfloch können verwendet werden. Unabhängig davon, welche Form man wählt,

Exemplare der Aru-Variante bei der Paarung

muss der Behälter bestimmte Kriterien erfüllen. Er sollte in etwa so groß sein, dass das Weibchen bequem mitsamt Gelege darin Platz findet, lichtundurchlässig sein und mit trockenem *Sphagnum*-Moos ausgepolstert werden. Die Temperaturen im Behälter müssen konstant zwischen 28 und 30 °C liegen.

> **DER PRAXISTIPP**
>
> Die von uns verwendete, sehr simple Variante eines Eiablagebehälters besteht aus einem Plastikuntersetzer für Pflanzschalen mit 30 cm Durchmesser, der mit einer passenden umgedrehten Kunststoff-Pflanzschale, die mit dem Einschlupfloch versehen ist, abgedeckt wird. Im Untersetzer befindet sich trockenes Sphagnum. Die Schale wird auf den Bodengrund des Terrariums gestellt. Die Bodenheizung erzeugt darin eine Temperatur von annähernd konstant 30 °C. Durch Eingraben ins Substrat oder mit Hilfe einer schwachen Heizmatte können die Werte, falls erforderlich, erhöht werden. Sind die Temperaturen bereits zu hoch, kann man z. B. durch Unterlegen einer Holzplatte den Abstand zur Bodenheizung erhöhen. Die Temperaturregelung mittels Thermostat ist jedoch in jedem Fall empfehlenswert.

Trächtigkeit und Eiablage

Sorong-Weibchen beim Positionieren des Geleges in dem im Text beschriebenen einfachen Eiablagebehälter

Bei im oberen Terrarienbereich angebrachten Kästen wird dies am einfachsten mit einem Elsteinstrahler und einem Thermostat geregelt. Allgemein geht man davon aus, dass höher angebrachte Ablagemöglichkeiten eher akzeptiert werden. Unsere Tiere nahmen jedoch immer problemlos auf dem Boden stehende Behälter an.

Eine sehr detaillierte Beschreibung für den Selbstbau einer Eiablagebox, die sogar die anschließende Inkubation im Terrarium ermöglicht, findet sich bei WEIER & VITT (1999).

Einige Tage vor der Eiablage wird das Weibchen nachts auf der Suche nach einem geeigneten Platz für das Gelege beginnen, unruhig umherzukriechen. Irgendwann wird es auch den eingebrachten Ablagebehälter inspizieren und hoffentlich akzeptieren. Anfangs ist es möglich, dass das Tier den Behälter nur zeitweise aufsucht, später wird es ihn jedoch nicht mehr verlassen. Die durchschnittliche Gelegegröße bei *M. viridis* beträgt 18–24 Eier (MAXWELL 2003). WEIER (2005) berichtet von 28 Jungtieren bei 100 % Schlupfrate und Naturbrut.

Trächtigkeit und Eiablage

Der Ablagebehälter wird komplett in den Inkubator überführt.

Die Eiablage findet meist am frühen Morgen statt und kann sich über mehrere Stunden hinziehen. Das Weibchen legt zuerst alle Eier, häuft sie danach sorgfältig zu einem Klumpen zusammen und wickelt sich um sie herum. Wenn auch in dieser Position das Gelege normalerweise nicht sichtbar ist, kann man dennoch von Zeit zu Zeit einen Blick darauf erhaschen, wenn die Körperwindungen ein wenig gelockert werden. Das Weibchen ist sogar in der Lage, seine Position im Ablagebehälter mitsamt Gelege zu verändern. Manchmal finden sich einzelne aussortierte Eier neben der Schlange. Sie sind meist unbefruchtet, was aber nicht zwangsläufig der Fall sein muss. Unbefruchtete Eier sind entweder klein und hart oder aber gelblich verfärbt und wabbelig. Gesunde dagegen sind weiß, gleichmäßig geformt und prall. Ist man sich nicht sicher, sollten die „zweifelhaften" Eier auf jeden Fall künstlich inkubiert werden. Jetzt ist der Zeitpunkt gekommen, sich zu entscheiden, ob man das Weibchen selber brüten lässt oder ob man die Eier entnimmt.

Inkubationsverfahren

ES gibt zwei verschiedene Möglichkeiten, *M. viridis* erfolgreich zum Schlupf zu bringen: Naturbrut und Kunstbrut. Unabhängig davon müssen die gleichen Inkubationsparameter eingehalten werden. Diese sowie die Vor- und Nachteile beider Brutmethoden werden im Folgenden näher erläutert.

Inkubation

Zur erfolgreichen Inkubation müssen eine konstante Temperatur von ca. 31 °C und eine permanent hohe Luftfeuchte von über 90 % gewährleistet werden. Da sich dies im Terrarium nur mit erheblichem Aufwand realisieren lässt, wird man gewöhnlich auf einen Inkubator zurückgreifen. Wir verwenden einen so genannten Feuchtbrüter. Hierbei wird die erforderliche Temperatur durch erwärmtes Wassers erzeugt und durch einen Thermostat geregelt. Oberhalb des Wasserspiegels befindet sich ein Gitter, auf dem die Inkubationsschale, z. B. eine einfache Kühlschrankdose, Platz findet. Eine schräg eingebaute Deckenscheibe verhindert, dass eventuell entstehendes Kondenswasser auf die Eier tropft. Das Gelege selbst muss auf jeden Fall trocken liegen, da Kontaktfeuchte zum Absterben der Embryos führen kann. Die Eier lassen sich sowohl ohne Substrat als auch auf trockenem (!) *Sphagnum* erfolgreich zeitigen. Da der Inkubator fast vollständig geschlossen ist, wird durch das verdunstende Wasser die notwendige hohe Luftfeuchte problemlos erreicht.

Natürlich gibt es noch andere Verfahren zur Inkubation. Sehr gute Bauanleitungen und Beschreibungen weiterer geeigneter Inkubatoren finden sich bei WEIER & VITT (1999), MAXWELL (2003) und KÖHLER (2004). Letzterer bietet auch weitere ausführliche Informationen zur Zeitigung von Reptilieneiern. Während der Inkubation und speziell gegen Ende der Brutzeit fallen die Eier leicht ein. Dies ist jedoch normal und kein Grund zur Beunruhigung. Nach durchschnittlich 49–55 Tagen beginnen die Jungen zu schlüpfen.

Kunstbrut

Bei der Kunstbrut wird das Weibchen nach der Eiablage vom Gelege getrennt. Man sollte jedoch

Inkubationsverfahren

Die Temperatur im Ablagebehälter wird mit einem Thermostat mit Außenfühler geregelt.

auf jeden Fall abwarten, bis alle Eier gelegt, geordnet und umschlungen wurden. Das Entfernen der Schlange muss mit äußerster Vorsicht geschehen. Nicht selten verhalten sich die Tiere dabei sehr aggressiv. Am besten fixiert man mit einer Hand den Kopf des Pythons, um unangenehmen Bissen zu entgehen, und hebt das Tier mit der anderen Hand nach oben ab. Es empfiehlt sich, zu zweit zu arbeiten. Der ganze Vorgang muss auf jeden Fall sehr schnell ablaufen, um zu verhindern, dass sich das Weibchen am Gelege festhält und es beschädigt. Manche Tiere bleiben allerdings auch ganz ruhig und leisten kaum Widerstand. Die Eier sind meist fest miteinander verklebt. Trennungsversuche können zu einer Beschädigung der Schale führen und sollten daher unterbleiben. Unbefruchtete Eier, sofern sie nicht bereits vorher vom Weibchen aussortiert wurden, schaden dem Gelege auch bei eventuell auftretendem Schimmel normalerweise nicht. Nun werden die Eier in den vorbereiteten Inkubator überführt und nach oben beschriebener Methode gezeitigt.

Naturbrut

Belässt man das Weibchen bei den Eiern, wird es diese normalerweise während der gesamten Inkubationsdauer nicht verlassen. Auch hier muss für konstant 30–31 °C gesorgt werden. Sinken die Temperaturen zu weit ab, zeigen die Weibchen thermoregulatorisches Verhalten. Sie sind in der Lage, die Bruttemperaturen durch Muskelkontraktionen um einige Grad anzuheben (WEIER & VITT 1999; eig. Beob.). WEIER & VITT (1999) empfehlen, den Tieren ein Wassergefäß in unmittelbarer Nähe des Einschlupfloches anzubieten. Wir konnten unsere Weibchen allerdings nie beim Trinken während des Brutvorganges beobachten.

Bei der Naturbrut müssen selbstverständlich die gleichen Rahmenbedingungen wie bei künstlicher Inkubation eingehalten werden. Die Aufrechterhaltung einer Luftfeuchte von über 90 % und die exakte Temperaturregelung bereiten im Terrarium jedoch oft Schwierigkeiten. Daher empfehlen wir, den Ablagebehälter mit Gele-

Schlupf

BEIM Schlupf schneiden die Jungtiere mit dem so genannten Eizahn die Eihülle an und stecken den Kopf heraus. In dieser Position verweilen sie oft noch viele Stunden, während derer der äußere Dottervorrat aufgebraucht wird. Normalerweise schlüpfen alle Jungtiere ungefähr zur gleichen Zeit. Zwischen dem Ersten und Letzten können allerdings auch 1–2 Tage liegen. Bei der Naturbrut wird das Weibchen bei den ersten Anzeichen von Schlupfaktivität die Schlingen lockern. Sind einige Jungtiere geschlüpft, entfernt man das Muttertier, sofern es nicht bereits freiwillig das Gelege verlassen hat. Auch hier hat man wiederum sehr behutsam vorzugehen. Anschließend kann man sich erstmals einen Überblick über das ganze Gelege verschaffen. Eier, die zwei Tage nach dem Schlupf des ersten Tieres noch nicht angeritzt sind, können geöffnet werden. Hierzu wird mit einem Skalpell oder einer sehr scharfen kleinen Schere vorsichtig ein v-förmiges Fenster von etwa 2 cm Länge in die Schale geschnitten. Dabei dürfen weder größere Blutgefäße noch der

ge und brütendem Weibchen in einen Inkubator zu überführen. Die erforderlichen Werte können hier leicht eingehalten werden.

Nicht unerwähnt bleiben soll jedoch, dass die Naturbrut auch ein gewisses Risiko birgt. Der Pfleger kann sich keinen Überblick über das Gelege verschaffen und eventuell unbefruchtete Eier nicht beseitigen. Wenn zu viele Eier eines Geleges nicht entwicklungsfähig sind oder während der Inkubation absterben, kann dies durchaus eine Gefahr für das brütende Weibchen darstellen. Sobald üble, faulige Gerüche im Inkubator wahrzunehmen sind, sollte man deshalb in Betracht ziehen, das Weibchen zu entfernen. In diesem Fall hat sich durch den Verrottungsprozess Feuchtigkeit gebildet, die bei den brütenden Weibchen zu nekrotischen Hautinfektionen führen kann (ROSS & MARZEK 1994; H. SEIDEL, mdl. Mittlg.). Es sei allerdings nochmals erwähnt, dass absterbende Eier meist keinen Einfluss auf den Rest des Geleges und die weitere Inkubation haben.

Rotes Sorong-Jungtier beim Schlupf

Schlupf

Bei den ersten Schlupfaktivitäten lockert das Weibchen die Schlingen.

> **WUSSTEN SIE SCHON?**
> Um die feste Schale des Eis durchdringen zu können, besitzen Schlangen als Schlüpflinge einen Eizahn, der als winziger Auswuchs auf der Schnauzenspitze zu erkennen ist. Damit sind sie in der Lage, die Schale aufzuschlitzen und sich aus dem Ei zu befreien. Nach dem Schlupf wird der nun überflüssig gewordene Eizahn abgeworfen.

Schlüpfling selbst verletzt werden. Einem gesunden Tier schadet das Anschneiden nicht, vorausgesetzt, es wird korrekt ausgeführt (MAXWELL 2003). Durch das manuelle Öffnen soll der junge Python animiert werden, das Ei zu verlassen. Schwachen Tieren, die eventuell nicht in der Lage sind, die Eischale selbst zu zerschneiden, kann auf diese Weise geholfen werden. Meist finden sich allerdings vollständig entwickelte, abgestorbene Tiere in solchen Eiern. Warum dies immer wieder passiert, lässt sich nicht pauschal beantworten. Es kommen sowohl eine schlechte Versorgung des Muttertiers, genetische Ursachen als auch ungünstige Inkubationsbedingun-

Schlupf

Schlupf eines gelben Jungtieres der Sorong-Variante

gen in Betracht. Gesunde Schlüpflinge wiegen gewöhnlich zwischen 7 und 11 g und weisen durchschnittlich Längen von 30–35 cm auf (WEIER & VITT 1999; eig. Beob.).

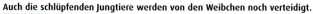

Auch die schlüpfenden Jungtiere werden von den Weibchen noch verteidigt.

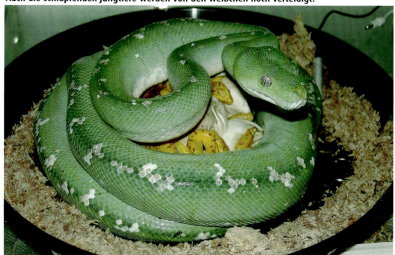

Unterbringung und Fütterung der Jungtiere

NACHDEM sich die Jungtiere vollständig aus dem Ei befreit haben, werden sie aus dem Inkubator entnommen und einzeln in Aufzuchtbehältern untergebracht. Falls noch ein kleiner äußerer Dottervorrat vorhanden ist, kann man den Schlüpfling noch für ein oder zwei Tage auf feuchtem Küchenpapier im Inkubator belassen, bis sich die Bauchdecke vollständig geschlossen hat. Kleinste Behälter von etwa 15–20 cm Kantenlänge sind für die ersten Monate vollkommen ausreichend, wobei kleine Glasterrarien ebenso so gut geeignet sind wie Kunststoffboxen. Erfahrungsgemäß fühlen sich Schlüpflinge in diesen beengten Verhältnissen wohler und fressen besser. Auch in den bereits erwähnten Mindestanforderungen wird daher ausdrücklich auf die Eignung kleinerer Behälter zur Aufzucht von Schlangen verwiesen.

Die Einrichtung sollte eher spartanisch gehalten werden, um die Tiere gut kontrollieren zu können und eine einfache Reinigung zu ermöglichen. Kunststoffsitzstangen für Kleinvögel eignen sich hervorragend als Liegeäste, und Küchenpapier oder passend geschnittene Haushaltsschwammtücher genügen als Bodengrund völlig. Bei Verwendung von Zeitungspapier kann es zum Abfärben der Druckerschwärze auf die Jungtiere kommen (MAXWELL 2003). Eine kleine Kunstpflanze gibt den Jungtieren zusätzlich Deckung.

Die Einzelhaltung ist von Anfang an dringend zu empfehlen, da es sonst bereits bei frisch geschlüpften Jungtie-

Die ersten Wochen können die Jungtiere problemlos in kleinen Behältern im Inkubator belassen werden.

ren zu Beißereien kommen kann. Außerdem werden die ersten Fütterungsversuche dadurch enorm vereinfacht. Schlüpflinge besitzen anfangs noch eine sehr dünne Haut und dehydrieren sehr schnell. Auf eine permanent hohe Luftfeuchte muss deshalb gerade in den ersten Wochen streng geachtet werden. Die Temperaturen sollten wie bei den Adulti zwischen 25 und 30 °C schwanken. Am einfachsten lässt sich dies bewerkstelligen, indem man die Aufzuchtterrarien in den Inkubator stellt.

Fütterung der Jungtiere

Wie bereits erwähnt, gehören zum natürlichen Beutespektrum juveniler Baumpythons wahrscheinlich hauptsächlich kleine Echsen und Frösche (HENDERSON 1993; McDOWELL 1975; SWITAK 1975). Das Verfüttern einheimischer Reptilien oder Amphibien verbietet sich jedoch aus Artenschutzgründen. Auch die regelmäßig im terraristischen Fachhandel angebotenen so genannten Futtergeckos (meist Wildfänge der Gattungen *Hemidactylus* und *Cosymbotus*) sollten wegen der im Normalfall starken parasitären Belastung und der hohen Gefahr der Ansteckung nicht verfüttert werden.

Da die Schlangen während der ersten beiden Lebenswochen von ihrem Dottervorrat leben, führen Fütterungsversuche vor der ersten Häutung, die normalerweise nach ca. 10–14 Tagen stattfindet, nur sehr selten zum Erfolg und sind auch nicht notwendig.

Im Terrarium werden frisch tote oder aufgetaute, mindestens auf Zimmertemperatur, noch besser auf Körpertemperatur erwärmte nestjunge Mäuse gereicht. Das Anbieten lebender Mäusebabys sollte unterbleiben, um den Tieren unnötige Qualen durch eventuelle Abwehrbisse der jungen Pythons zu ersparen. Außerdem werden zappelnde Mäuse oft direkt wieder fallen gelassen.

Fütterungsversuche können zu verschiedenen Tageszeiten stattfinden. Abends, kurz nach Erlöschen der Beleuchtung, wird man allerdings die größten Chancen haben. Die ersten Versuche unternimmt man mit sehr kleinen, höchstens einen Tag alten Mäusebabys. Der ideale Zeitpunkt ist dann gekommen, wenn die Schlüpflinge in Lauerstellung vom Ast herabhängen und mit der Schwanzspitze „wedeln". Manche werden spontan die mit der Pinzette vorgehaltenen Mäuse annehmen. Die meisten berei-

Unterbringung und Fütterung der Jungtiere

ten jedoch einige Schwierigkeiten bei der Nahrungsaufnahme. Es gibt verschiedene Methoden, fressunwillige Tiere zur Futteraufnahme zu bewegen, und welche davon letztlich zum Erfolg führt, ist individuell von Jungtier zu Jungtier verschieden. Häufig ist es hilfreich, das Mäusebaby „attraktiver" zu gestalten. Da verschiedentlich berichtet wird, dass Jungtiere bereitwillig lebende kleine Vogelküken oder Kükenflügel annehmen, kann ersatzweise auch ein Mäusebaby entsprechend präpariert werden. Dazu kann man es z. B. durch Wälzen in Federn mit Vogelgeruch versehen und zusätzlich noch kleine Federchen am Maul anbringen. Unsere Tiere nahmen jedoch bislang weder Flügel noch entsprechend behandelte Mäuse an. Eine andere Möglichkeit besteht im Anbieten einer so genannten „Hirnmaus". Dabei wird der Kopf der toten Maus ein wenig angeritzt, sodass etwas Blut und Hirnflüssigkeit austreten. Der intensive Geruch animiert viele Schlangen zum Zuschnappen. Aus unserer Sicht am erfolgversprechendsten ist allerdings das „Ärgern". Bei dieser Methode wird die Schlange mit der Maus angestupst, um eine Beißreaktion auszulösen. Leichte Berührungen am Kopf oder der Schwanzspitze bewirken meist heftige Abwehrbisse. Die Maus sollte so vorgehalten werden, dass die Schlange beim Zubiss den Kopf des Beutetieres vollständig im Maul hat. Nicht selten kommt es dadurch zu einem reflexartigen Umwickeln und anschließenden Verschlingen des Futtertieres. Wenn die Schlange zubeißt und festhält, muss man absolut bewegungslos verharren. Die geringste Störung kann zum Loslassen der Beute führen. Bis die Jungtiere zuschnappen oder nach dem Biss auch wirklich festhalten, kann es einige Zeit dauern. Hier sind Geduld und eine ruhige Hand gefragt. Werden die Schlangen hektisch und versuchen zu fliehen, muss der Vorgang unterbrochen werden, um die Tiere nicht allzu stark unter Stress zu setzen. Falls die angebotenen Nager konsequent ignoriert werden, kommen noch ein paar ungewöhnliche Alternativen, wie kleine Fische oder Insekten, in Frage. In einem uns bekannten Fall wurde von einem hartnäckigen Futterverweigerer eine Heuschrecke gefressen (H. Seidel, mdl. Mittlg.). Führen die oben geschilderten Praktiken nicht zum Erfolg, sollte

Unterbringung und Fütterung der Jungtiere

Jungtiere werden mit nestjungen Mäusen gefüttert.

man über eine Zwangsernährung nachdenken. Wann diese erstmals durchgeführt werden muss, hängt von der Konstitution der Jungtiere ab. Normalerweise wird man frühestens nach etwa acht Wochen damit beginnen. Beim „Stopfen" werden der Schlange ein sehr kleines Mäusebaby oder Mäuseteile, wie Beine oder Schwanz, mit einer stumpfen Pinzette ins Maul geschoben. Dabei hält man den Python zwischen Daumen und Zeigefinger am Hinterkopf fest. Mit einem kleinen Spatel o. Ä. kann das Maul geöffnet werden. Nun beginnt man, die Maus langsam in den Rachen zu schieben. Dabei muss man sehr behutsam vorgehen, da die Schlangen bei der Prozedur leicht verletzt werden können. Das Futter sollte vorsichtig bis in den Magen massiert werden, um ein direktes Wiederhervorwürgen zu verhindern.

Etwas schonender gestaltet sich die Verabreichung eines Futterbreis mittels einer Ernährungssonde. Eine sehr gute Beschreibung dieser Methode findet sich bei GIMMEL (2004).

Weitere Aufzucht der Jungtiere

FRESSEN die Jungtiere erst einmal selbstständig, d. h., vorgehaltenes Futter wird spontan angenommen, gestaltet sich die weitere Aufzucht recht komplikationslos. Die ersten paar Monate können die Tiere problemlos einzeln in den oben beschriebenen kleinen Behältern im Brutkasten oder in entsprechend klimatisierten Kleinstterrarien untergebracht werden. Obwohl die jungen Pythons in dieser Phase nahezu unersättlich scheinen, sollten sie eher zurückhaltend gefüttert werden. So werden Verdauungsstörungen vermieden, die im schlimmsten Fall zu Darmvorfällen führen können. Ein der Größe der Schlange angepasstes Futtertier pro Woche hat sich als völlig ausreichend erwiesen. Bis zum Alter von etwa drei Monaten sollten nur nestjunge, ca. 1–2 Tage alte Mäusebabys angeboten werden. Danach werden meist problemlos größere, schon leicht behaarte Mäuse angenommen und

Krankheiten

OPTIMALE Haltungsbedingungen und eine fachgerechte Pflege sind die Voraussetzungen für die Gesunderhaltung Ihrer Schützlinge. Durch genaues Beobachten der Tiere in ihrem Verhalten kann man Veränderungen und so auch eventuelle Gesundheitsprobleme rechtzeitig erkennen und dann schnell und gezielt behandeln. Auf jeden Fall ist es wichtig, sich schon im Vorfeld um die Adresse eines reptilienerfahrenen Tierarztes zu kümmern, um bei einem wirklichen Notfall nicht noch zeitraubende Recherchen anstellen zu müssen.

Nur wenige Krankheiten lassen sich ohne professionelle Hilfe selbst erfolgreich behandeln. Ausschließlich durch exakte Dosierung und Anwendung bringen Medikamente auch den gewünschten Erfolg. Auf Experimente mit der Hausapotheke muss auf jeden Fall verzichtet werden. Ganz besonders warnen muss man vor unsachgemäßem Gebrauch von Antibiotika. Wenn dabei die verabreichte Menge und Dauer der Anwendung nicht

Weitere Aufzucht der Jungtiere/Krankheiten

gut verdaut. Solange die Schlangen nur unbehaarte Futtertiere fressen, ist der Kot von breiiger Konsistenz. Erst später erhält er die normale Festigkeit.

Mit zunehmender Größe werden die Tiere natürlich in geräumigere Terrarien umgesetzt, die in der Ausstattung denen der Alttiere entsprechen. Je nachdem, welcher Lokalform die Jungtiere angehören und wie schnell das Wachstum verläuft, beginnt die Umfärbung nach etwa 6–12 Monaten.

Zur weiteren Aufzucht eignen sich kleine, übersichtlich gestaltete Glasterrarien.

mit einem Tierarzt abgesprochen werden, können Resistenzen entstehen, die den Erfolg weiterer Behandlungen unnötig erschweren. In vielen Fällen entstehen die Gesundheitsprobleme durch Haltungsfehler. Bei ersten Anzeichen einer Krankheit sollten daher auch immer die Haltungsbedingungen überprüft werden.

Leichte Verletzungen

Kleine Bisswunden oder ähnliche Verletzungen, die bei leichten innerartlichen Auseinandersetzungen oder beim Verfüttern lebender Nagetiere entstehen können, werden einfach mit 0,9%-iger Kochsalzlösung gesäubert und anschließend mit einer Wund- und Heilsalbe behandelt. In der Regel verheilen diese Wunden sehr schnell, und nach einigen Häutungen ist nichts mehr davon zu sehen.

Schwere Verletzungen

Tiere, die z. B. Verbrennungen durch unsachgemäß installierte Heizelemente oder schwere Bissverletzungen durch Artgenossen aufweisen, sollten auf jeden Fall

Krankheiten

dem Tierarzt vorgestellt werden. Eine fachmännische Versorgung der Wunde ist hier auf jeden Fall notwendig.

Außenparasiten

Zecken, die sich gewöhnlich nur bei Wildfängen finden, können einfach abgesammelt werden. Es ist darauf zu achten, die Blutsauger komplett, also mit Kopf zu entfernen. Am besten bedient man sich hierfür einer handelsüblichen Zeckenzange.

Blutmilben sind schwieriger in den Griff zu bekommen. Die Schmarotzer sitzen unter den Schuppen und ernähren sich vom Blut des betroffenen Tieres. Durch ihre Ausscheidungen kann es zu schweren Infektionen kommen. Solange nur wenige Milben vorhanden sind, ist ein Befall unter Umständen nur schwierig zu erkennen. Betroffene Schlangen werden auf jeden Fall einzeln in Quarantäneterrarien untergebracht. Der Fachhandel bietet mittlerweile giftfreie Präparate, die die Trachen (Atmungsorgane) der Parasiten verkleben. Bei Giftstoff enthaltenden Mitteln muss die angegebene Dosierung genau eingehalten werden, um die Schlangen nicht zu gefährden. Da nicht nur die Schlange, sondern auch das gesamte Terrarium mit Milben bzw. deren Eiern verseucht sind, muss eine Behandlung immer auch mit einer möglichst hygienischen Haltung einhergehen. Die entsprechenden Terrarien werden gründlich desinfiziert und die verwendeten Einrichtungsgegenstände entsorgt.

Innenparasiten

Wie bereits erwähnt, sollten Neuzugänge immer auf Innenparasiten untersucht werden. Das Gleiche gilt aber auch für Tiere, die sich seit längerer Zeit im Bestand befinden und Krankheitsanzeichen aufweisen. Auf einen Befall deuten z. B. übel riechender, breiiger Kot (nicht bei sehr jungen Tieren oder der Verfütterung von Eintagsküken) oder eine Verschlechterung des Allgemeinzustandes hin, wie z. B. Gewichtsverlust. Zum Nachweis ist es notwendig, eine Kotprobe vom Tierarzt oder einer Untersuchungsstelle (Adressen siehe „Weitere Informationen") kontrollieren zu lassen. Bei positivem Befund wird in Absprache mit dem Veterinär die Behandlung durchgeführt.

Häutungsprobleme

Sollten nach der Häutung noch Häutungsreste an der Schlange

Krankheiten

zurückbleiben, werden die betroffenen Tiere in ca. 30 °C warmem Wasser (Thermometer verwenden!) für eine halbe Stunde gebadet. Oft kann danach die eingeweichte alte Haut vorsichtig abgezogen werden. Besonders problematisch sind Häutungsrückstände an der Schwanzspitze oder auf den Augen. An diesen Stellen ist besondere Vorsicht angebracht. Häutungsschwierigkeiten sind meist Indikatoren für verbesserungswürdige Haltungsbedingungen oder deuten auf einen schlechten Allgemeinzustand der Schlange hin. Die Haltungsparameter, insbesondere die Einhaltung der erforderlichen Luftfeuchte, sind auf jeden Fall zu überprüfen.

Darmvorfall bei einem Jungtier

Darmvorfall

Leider neigt M. viridis insbesondere als Jungtier zu Darmvorfällen. Allgemein geht man davon aus, dass eine zu niedrige Luftfeuchte und Überfütterung die Hauptursachen sind. Das Problem entsteht, wenn bei der Kotabgabe der Enddarm ein Stück weit mit herausgedrückt wird. Dieses schwillt an und kann nicht mehr zurückgezogen werden. Betroffene Tiere liegen oft nicht mehr normal zusammengerollt im Geäst, sondern lassen das hintere Körperdrittel nach unten hängen. Solche Exemplare sollten umgehend einem Tierarzt vorgestellt werden. Zwischenzeitlich muss man das freiliegende Darmende feucht halten, um ein Eintrocknen zu verhindern. Frühzeitig erkannt und behandelt, stehen die Chancen für eine vollständige Genesung gut.

Legenot

Tiere, die den errechneten Eiablagetermin um mehrere Tage überschritten haben, sind genauestens zu beobachten. Apathisches Verhalten, erfolglose Pressversuche oder andere auffällige Verhaltensweisen deuten auf eine Legenot hin, also das Unvermögen, ablagereife Eier abzusetzen. Hierfür kann es verschiedene Ursachen geben. Vielleicht wurde kein geeigneter Eiablageplatz zur Verfügung gestellt, oder aber die Temperaturen liegen nicht im Optimum. Genauso gut ist es auch möglich, dass eine Infektion des Eileiters oder deformierte bzw. zu große Eier den Legevorgang verhindern. Wird das Problem nicht veterinärmedizinisch behoben, führt es unweigerlich zum Tod des betroffenen Weibchens.

Atemwegserkrankungen

Atemgeräusche wie Röcheln oder Pfeifen, Bläschen an Maul und Nase, starke Schleimbildung, leicht geöffnetes Maul oder Husten sind sichere Anzeichen für Erkrankungen des Atemwegapparates. Hauptursachen hierfür sind häufig Haltungsfehler wie zu niedrige Terrarientemperaturen oder Zugluft. Aber auch dauerhafter Stress kann das Immunsystem der Schlangen beeinträchtigen und es anfällig für Krankheitserreger machen. In der Regel wird man um den Einsatz von Antibiotika nicht umhinkommen. Hat sich erst eine Lungenentzündung etabliert, gestaltet sich die Behandlung sehr langwierig und schwierig und darf nur in Absprache mit dem Tierarzt durchgeführt werden.

Maulfäule

Besonderes Augenmerk muss auf Verletzungen am oder im Maul gelegt werden. Unter Umständen kann sich daraus eine so genannte Maulfäule (Stomatitis) entwickeln. Hierbei handelt es sich um eine Infektion des Zahnfleisches und der Schleimhäute, die auf jeden Fall einer tierärztlichen Behandlung bedarf.

> **PRAXISTIPP**
> Tierärzte, die sich wirklich mit der Behandlung von Reptilien auskennen, sind selten. Über die DGHT und ihre Homepage ist eine Liste fachkundiger Veterinäre einzusehen.

Dank

DANKEN möchten wir vor allem unseren Eltern, die uns seit vielen Jahren unterstützen und ohne deren Hilfe uns die Ausübung unseres Hobbys in dieser Form nicht möglich wäre.

Des Weiteren gilt besonderer Dank Stefanie Bach und Patrick Schönecker, mit denen uns das

Dank

Weibchen der Biak-Variante

gemeinsame Hobby und eine langjährige, gute Freundschaft verbinden. Viele abendfüllende Diskussionen und der ständige Erfahrungsaustausch sind uns eine große Hilfe bei der Pflege unserer Tiere.

Ebenso bedanken wir uns bei allen anderen, die zum Gelingen dieses Buches beigetragen haben.

Weitere Informationen

DIE in diesem Buch enthaltenen Informationen können natürlich nur einen ersten Einblick in die Haltung von *M. viridis* vermitteln. Das Wissen um die tiergerechte Unterbringung und Nachzucht unserer Pfleglinge wächst ständig. Daher muss der interessierte Terrarianer immer bemüht sein, durch möglichst umfangreiche Literaturrecherche und Erfahrungsaustausch mit Gleichgesinnten sein Wissen zu erweitern und auf dem neuesten Stand zu halten.

Vereine und Interessengruppen

Die Deutsche Gesellschaft für Herpetologie und Terrarienkunde (DGHT; www.dght.de; DGHT e. V., Postfach 1421, 53351 Rheinbach, Tel.: 02225-703333, E-Mail: gs@dght.de) ist mit über 8.000 Mitgliedern die weltweit größte Gesellschaft ihrer Art und bringt Wissenschaftler und Hobbyherpetologen zusammen. Mitglieder erhalten vierteljährlich mindestens drei verschiedene herpetologisch/terraristische Zeitschriften. Innerhalb der DGHT existieren verschiedene Arbeitsgruppen, die sich auf bestimmte Themengebiete spezialisiert haben. Eine davon ist die AG Schlangen. Interessierte können sich beim ersten Vorsitzenden näher informieren: Ralf Hörold, Stichelgasse 2a, 67229 Gerolsheim, Tel.: 06238-982265, Fax: 06238-982540, E-Mail: r.hoerold@web.de, http://www.dght.de/ag/schlangen/index.html

Auch die „European Snake Society" beschäftigt sich mit der Haltung und Nachzucht von Schlangen. Die von dieser Gesellschaft vier Mal im Jahr herausgegebene Zeitschrift, „Litteratura Serpentium", ist in niederländischer und englischer Sprache erhältlich. E-Mail: secretary@snakesociety.nl, www.snakesociety.nl

Männchen der Aru-Variante in Lauerstellung

Weitere Informationen

Zeitschriften
- REPTILIA
Terraristik-Fachmagazin, erscheint sechs Mal jährlich
Natur und Tier - Verlag GmbH
An der Kleimannbrücke 39/41
48157 Münster
Tel.: 0251-13339-0
E-Mail: verlag@ms-verlag.de
www.ms-verlag.de

- DRACO
Terraristik-Themenheft erscheint vier Mal jährlich
Natur und Tier - Verlag GmbH, s. o.

- SAURIA
Terraristik und Herpetologie, erscheint vier Mal jährlich
Terrariengemeinschaft Berlin e. V.
Bruno Treu
Christstr. 10
14059 Berlin
E-Mail: abo@sauria.de

- herpetofauna
Zeitschrift für Amphibien- und Reptilienkunde, erscheint sechs Mal jährlich
herpetofauna Verlags-GmbH
Hans-Peter Fuchs
Römerstraße 21, 71384 Weinstadt; Tel. 07151-600677
www.herpetofauna.de
E-Mail: info@herpetofauna.de

- DATZ – Die Aquarien- und Terrarien-Zeitschrift erscheint monatlich
Verlag Eugen Ulmer
Wollgrasweg 41
70599 Stuttgart, Fax: 0711-4507120, www.datz.de

Untersuchungsstellen
Untersuchungen von Kotproben oder Abstrichen werden von spezialisierten Tierärzten oder veterinärmedizinischen Untersuchungsstellen durchgeführt. Unter anderem mit den nachfolgend aufgeführten Institutionen wurden von anderen Terrarianern und mir bislang gute Erfahrungen gemacht.

- Justus-Liebig-Universität Giessen,
Institut für Geflügelkrankheiten
Frankfurterstr. 87
35392 Giessen

- Exomed
Am Tierpark 64
10319 Berlin

- Universität München,
Institut für Zoologie, Fischereibiologie und Fischkrankheiten der tierärztlichen Fakultät
Kaulbachstr. 37
80539 München

- Laboklin
Labor für medizinische Diagnostik GmbH & Co. KG
Prinzregentenstrasse 3
97688 Bad Kissingen

Weitere Informationen

Internet

Grundsätzlich bietet das Internet eine Fülle von Informationen. Dem Laien ist es jedoch nahezu unmöglich, zwischen Verwertbarem und groben Unwahrheiten zu unterscheiden. Daher sind alle im World Wide Web veröffentlichten Berichte mit Vorsicht zu genießen. Auch beim Durchstöbern der verschiedenen Diskussionsforen lassen sich wertvolle Informationen finden. Hier gilt es jedoch, besonders kritisch zu sein. Nicht jeder bereitwillig Auskunft Gebende besitzt auch das nötige Hintergrundwissen.

- www.dght.de
- www.finegtps.com

(Homepage von Greg Maxwell, die viele interessante Informationen zur Haltung von *M. viridis* bietet)

- www.snakesociety.nl

(Homepage der „European Snake Society")

- www.reptilienserver.de
- www.terraristik.com

(Online-Kleinanzeigenmärkte, die von vielen Züchtern, aber auch Händlern genutzt werden.)

Bei diesem Weibchen der Sorong-Variante ist der blaue Rückenstreifen deutlich zu erkennen.

Weiterführende und verwendete Literatur

BUNDESAMT FÜR ERNÄHRUNG, LANDWIRTSCHAFT UND FORSTEN (1997): Gutachten über die Mindestanforderungen an die Haltung von Reptilien. – Inhaltlich unveränderte Sonderausgabe der Deutschen Gesellschaft für Herpetologie und Terrarienkunde (DGHT) e.V., Rheinbach.

EISENBERG, T. (2001): Desinfektionsmittel. – REPTILIA, Münster, 6(2): 94.

– (2003): Wie sollte eine fachgerechte Quarantäne durchgeführt werden? – REPTILIA, Münster, 8(1): 66–71.

FRIEDERICH, U. & W. VOLLAND W. (1998): Futtertierzucht: Lebendfutter für Vivarientiere. – 3. überarb. Aufl. – Verlag Eugen Ulmer, Stuttgart, 187 S.

GIMMEL, S. (2004): Haltung, Pflege und Nachzucht der Westafrikanischen Augenfleck-Sandrasselotter *Echis ocellatus* STEMMLER, 1970. – Sauria 26(4): 31–38.

HENDERSON, R.W. (1993): On the diets of some arboreal boids. – Herpetological Natural History 1(1): 91–96.

HENKEL, F. W. & W. SCHMIDT (2003): Terrarien. Bau und Einrichtung. – 3. Aufl., Verlag Eugen Ulmer, Stuttgart, 168 S.

KIVIT, R. & S. WISEMAN (2005): Grüner Baumpython und Grüne Hundskopfboa: Pflege, Zucht und Lebensweise. – Kirschner & Seufer Verlag, Keltern-Weiler, 174 S.

KLUGE, A. G. (1993): *Aspidites* and the Phylogeny of Pythonine Snakes. – Records of the Australian Museum, Suppl. 19: 1–77.

KÖHLER, G. (2004): Inkubation von Reptilieneiern. 3. überarbeitete und erweiterte Aufl.. –Herpeton Verlag, Offenbach, 254 S.

MAXWELL, G. (2003): The complete Chondro: A comprehensive guide to the care and breeding of Green Tree Pythons. – ECO Publishing, Lansing, 247 S.

MCDOWELL, S.B. (1975): A catalogue of the snakes of New Guinea and the Solomons, with special reference to those in the Bernice P. Bishop Museum. Part II. Anilioidea and Pythoninae. – Journal of Herpetology 9(1): 1–79.

MEYER, A. (1875): Eine Mitteilung von Hrn. Dr. Adolf Bernhard Meyer über die von ihm auf New-Guinea und den Inseln Jobi, Mysore und Mafoor im 1873 gesammelten Amphibien. – Monatsb. K. Preuss. Akad. Wiss. Berlin 1874: 128 – 140.

MÜLLER, M. J. (1996): Handbuch ausgewählter Klimastationen der Erde. 5. Aufl. – Forschungsstelle Bodenerosion der Universität Trier, Trier, 400 S.

O'SHEA, M. (1996): A Guide to the snakes of Papua New Guinea. – Independent Publishing, Port Moresby, 239 S.

ROSS, R.A. & G. MARZEK, G. (1994): Riesenschlangen. Zucht und Pflege. – bede Verlag, Ruhmannsfelden, 248 S.

SWITAK, K. (1975): Der Grüne Baumpython aus dem Land der Menschenfresser. – Aquarien Mag. 9(9): 366–372.

WEIER, M. (2005): Naturbrut mit 100 Prozent Schlupfrate bei *Morelia viridis* (SCHLEGEL, 1872). – elaphe NF 13 (1): 31–40.

SCHLEGEL, H. (1872): De direntium van het Koninklijk zoologisch Genootschap Natura Artis Magistra te Amsterdam. – Amsterdam (o. V.).

WEIER, M. & R. VITT (1999): Der Grüne Baumpython. – Herpeton Verlag, Offenbach, 111 S.

WILMS, T. (2004): Terrarieneinrichtung. Grundlagen, Materialien, Methoden. – Natur und Tier - Verlag, Münster, 127 S.

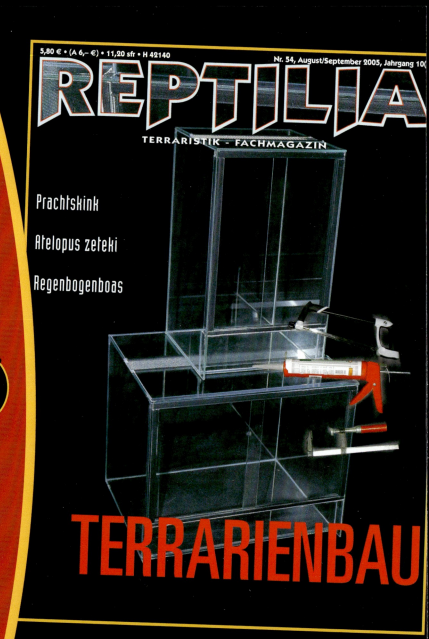